陆象山用典

叶航　编译

岳麓書社·长沙

作者简介

叶航，江西贵溪人，贵溪市社联秘书长。中华炎黄文化研究会会员，江西省作家协会会员、书院研究会会员，鹰潭市民间文艺家协会副主席、炎黄文化研究会副会长、贵溪市地方文化研究会主席。出版有《信之大邑·贵溪》《贵溪地名故事》《天冠山诗集》《贵溪方言土语集》等著作，整理点校的《陆九渊全集》2022年由上海古籍出版社出版。

自　序

陆九渊（1139—1193），字子静，号存斋，晚年号象山翁，江西抚州金溪人，南宋著名哲学家、教育家。淳熙十四年（1187），陆九渊在金溪邻县——贵溪县应天山南麓创办了应天山书堂，第二年因远望应天山“宛若巨象”，于是改山名为象山，同时将书堂改为象山精舍，自己则号“象山翁”，时人称“象山先生”。

象山先生居山讲学5年，这5年是他心学思想成熟的巅峰，也是他心学文化传播的高峰，清代著名史学家全祖望将象山精舍列为南宋四大书院之一。300年后的王阳明将陆九渊的心学发扬光大，并集心学之大成，形成新的哲学体系，史称“陆王心学”，陆九渊是宋明两代心学鼻祖。

陆九渊对六经的评价相当高，他说“六经之文、先秦古书自汉而视之已不可及”“读书则自《孝经》《论语》以及六经子史，属文则自《诗》”（《陆九渊全集》卷二十四《策问》）。

陆九渊还说“六经注我”“学苟知本，六经皆我注脚”，句中两个“我”不是指陆九渊个体，而是指“吾道”，即心学；“我注六经”的“我”才是指陆九渊本人。

六经里有大量的段和篇章所阐述的就是“吾道”。陆九渊在自己写的书信和文章里引用了六经里很多典故来解说自己的心学思想，如《孟子·离娄下》：“大人者，不失其赤子之心者也（德高望重的人不会偏离他与生俱来的纯洁善良的心)”[①];《孟子·告子上》:“牛山之木尝美矣(牛山的树木曾经是很茂盛的)”[②];《孟子·告子上》:“此之谓失其本心(这就叫做丧失了人与生俱来的良心)”[③];《中庸》:“故君子尊德性而道问学(所以君子既要尊重与生俱来的本能和善性,又要通过学习存养发展善性)”[④] ……

可见“吾道”与“六经”可以互为佐证,这便是“六经注我”的印证。因此,陆九渊告诉学生“学苟知本,六经皆我注脚”(做学问如果要探寻根本,六经里的很多话语都是我的思想阐述)。

作为现代普通读者,不少人说陆九渊文集很难看懂。这是因为我们今天的很多读者没有熟读四书五经,而陆九渊文集引用了四书五经里大量的典故,却又几乎没有注释,甚至在当今几家点校本中连引号也没有,致使一些读者误以为是陆九渊的名言警句。对于古代将四书五经烂熟于心的读书人来说,看懂陆九渊文集是不成问题的。可是,如果要求现在的广大读者在研读陆九渊文集之前,先去熟读四书五经,这是不现实的。那么,如何让读者有针对性地系统学习四书五经里一些与心学相关的内容呢?于是我萌发了将陆九渊引用在其文集里的四书五经典故剔出来,并译成白话文。这样,便可以将这本《陆象山用典》作为研读《陆九渊全集》的辅助性读本。也就是说,读了《陆象山用典》,可以大大降低研读《陆九渊全集》的难度,从而基本读懂陆九渊的心学内涵。这便是我编纂这本《陆象山用典》的初衷。

本书是继 2022 年 1 月上海古籍出版社出版笔者点校的《陆九

---

① 《与李宰》,《陆九渊全集》卷十一,上海古籍出版社 2022 年版,第 186 页。
② 《与彭子寿》,《陆九渊全集》卷七,上海古籍出版社 2022 年版,第 115 页。
③ 《与李宰》,《陆九渊全集》卷十一,上海古籍出版社 2022 年版,第 186 页。
④ 《语录上》,《陆九渊全集》卷三十四,上海古籍出版社 2022 年版,第 497 页。

渊全集》（繁体本）之后的集子，其中精选了《陆九渊全集》里的用典518句，此外有的用典重复，有的用典人们耳熟能详，有的用典仅为历史故事，故未如数录入。本书根据典句内涵，将用典分类为“本心篇”“论道篇”“见贤篇”“修身篇”“处世篇”“劝学篇”“为政篇”七个章节。

由于本人才疏学浅，不足之处在所难免，尚请专家学者和广大读者批评指正。

值此贵溪象山书院重建竣工之年暨陆九渊离世830周年之际，谨以此书献礼。

叶　航

2023年1月29日

于贵溪花园里石泉斋

目 录

第一章　本心篇

20 / 绘事后素。

21 / 万物皆备于我矣。反身而诚，乐莫大焉。

22 / 非由外铄我也。

23 / 人心惟危，道心惟微，惟精惟一，允执厥中。

24 / 先立乎其大者，则其小者不能夺也。

26 / 求在我者。

27 / “棠棣之华，偏其反而，岂不尔思？室是远而。”子曰：“未之思也！夫何远之有？”

28 / 心诚求之，虽不中，不远矣。

29 / 知之非艰，行之惟艰。

30 / 尊其所闻则高明，行其所知则光大。

31 / 至于心，独无所同然乎？

32 / 四方上下曰宇，往古来今曰宙。

33 / 仁，人心也；义，人路也。舍其路而弗由，放其心而不知求，哀哉！

34 / 欲正其心者，先诚其意；欲诚其意者，先致其知；致知在格物。

35 / 饥甘食，渴甘饮，是未得饮食之正也。

36 / 养而无害，则塞于天地之间。

37 / 人生而静，天之性也。感于物而动，性之欲也。

38 / 仁义礼智根于心，其生色也，睟然见于面，盎于背，施于四体，四体不言而喻。

39 / 志壹动气。气壹动志。

40 / 尽其心者，知其性也。知其性，则知天矣。

41 / 持其志，无暴其气。

42 / 惟圣罔念作狂，惟狂克念作圣。

43 / 是何足与言仁义也。

第二章　论道篇

67 / 物有本末，事有终始，知所先后，则近道矣。

68 / 可欲之谓善。

69 / 行之而不著焉，习矣而不察焉。

70 / 万物并育而不相害，道并行而不相悖。小德川流，大德敦化。

71 / 道之以德，齐之以礼。

72 / “我能为君约与国，战必克。”今之所谓良臣，古之所谓民贼也。

74 / 昔之惑人也，乘其迷暗；今之入人也，因其高明。

75 / 志于道，据于德，依于仁，游于艺。

76 / 中也者，天下之大本也；和也者，天下之达道也。致中和，天地位焉，万物育焉。

77 / 吾道一以贯之。

78 / 二三子以我为隐乎？吾无隐乎尔。吾无行而不与二三子者。

79 / 夫道，一而已矣。

80 / 前圣后圣，其揆一也。

81 / 百世之后，等百世之王，莫之能违也。

82 / 形而上者谓之道。

83 / 一阴一阳之谓道。

84 / 日用而不知。

85 / 刚、毅、木、讷，近仁。

86 / 为国家者，见恶，如农夫之务去草焉，芟夷蕴崇之，绝其本根，勿使能殖，则善者信矣。

87 / 人能弘道，非道弘人。

88 / 吾身不能居仁由义，则谓之自弃。

89 / 士志于道，而耻恶衣恶食者，未足与议也。

90 / 养其一指而失其肩背。

92 / 其为物不贰。

93 / 夫道若大路然，岂难知哉。

94 / 天命之谓性。

95 / 尧舜之道，孝弟而已矣。

96 / 道之将行也与，命也；道之将废也与，命也。公伯寮其如命何！

97 / 飘风不终朝，骤雨不终日。

98 / 万物之所成终而成始也。

99 /《易》与天地准。

100 / 石称丈量，径而寡失。

101 / 无名天地之始，有名万物之母。

102 / 乾以易知，坤以简能。易则易知，简则易从。易知则有亲，易从则有功。有亲则可久，有功则可大。可久则贤人之德，可大则贤人之业。易简而天下之理得矣。

103 / 理义之悦我心，犹刍豢之悦我口。

104 / 吾之不遇鲁侯，天也。臧氏之子焉能使予不遇哉?

105 / 后之视今，犹今之视昔。

106 / 至当归一，精义无二。

107 / 云从龙，风从虎。水流湿，火就燥。

108 / 乐师辨乎声诗。辨乎宗庙之礼。

109 / 擅杀生之柄，通壅塞之涂，权轻重之数，论得失之迹，使远近情伪毕见于上，谓之术。

110 / 眇乎小哉！以属诸人；謷乎大哉，独游于天。

111 / 君子之道孰先传。

112 / 轲死，不得其传。荀与杨择焉而不精，语焉而不详。

114 / 昔者，圣人之作《易》也。将以顺性命之理。是以立天之道，曰阴与阳；立地之道，曰柔与刚；立人之道，曰仁与义。

115 / 川竭而谷虚，丘夷而渊实。

116 / 一生二，二生三，三生万物。

第三章　见贤篇

119 / 见贤思齐焉，见不贤而内自省也。

120 / 闻一善言，见一善行，若决江河，沛然莫之能御。

121 / 庶几夙夜，以永终誉。

122 / 圣人以此洗心，退藏于密，吉凶与民同患。神以知来，知以藏往。

123 / 洊雷，震；君子以恐惧修省。

124 / 摩顶放踵利天下，为之。

125 / 君子以遏恶扬善，顺天休命。

126 / 诚者，不思而得，不勉而中，从容中道，圣人也。

127 / 言语必信，非以正行也。

128 / 周公思兼三王，以施四事；其有不合者，仰而思之，夜以继日；幸而得之，坐以待旦。

129 / 正己而物正。

130 / 胥训告，胥保惠，胥教诲。

131 / 我未见好仁者、恶不仁者。

132 / 有不善未尝不知，知之未尝复行。

133 / 匹夫匹妇有不与被尧舜之泽者，若己推而内之沟中。

134 / 疾没世而名不称。

135 / 宽裕温柔，足以有容也；发强刚毅，足以有执也；齐庄中正，足以有敬也；文理密察，足以有别也。

136 / 大人者，与天地合其德，与日月合其明，与四时合其序，与鬼神合其吉凶。

137 / 巍巍乎有天下而不与焉。

第四章　修身篇

162 / 女为君子儒，无为小人儒。

163 / 比屋可封。

164 / 用之则行，舍之则藏，惟我与尔有是。

165 / 如恶恶臭，如好好色。

166 / 言出乎身，加乎民；行发乎迩，见乎远。

167 / 正吉悔亡，未感害也。

168 / 君子之所不可及者，其唯人之所不见乎。

169 / 人而无信，不知其可也。

170 / 诚者，非自成己而已也，所以成物也。成己，仁也；成物，智也。性之德也，合内外之道也。

171 / 德成而上，艺成而下；行成而先，事成而后。

172 / 君子无终食之间违仁，造次必于是，颠沛必于是。

173 / 今有无名之指屈而不信，非疾痛害事也，如有能信之者，则不远秦、楚之路，为指之不若人也。指不若人，则知恶之；心不若人，则不知恶，此之谓不知类也。

174 / 苟志于仁矣，无恶也。

175 / 尚志。

176 / 好而知其恶，恶而知其美者，天下鲜矣。故谚有之曰：“人莫知其子之恶，莫知其苗之硕。”

177 / 巢、许逊天下，而市道小人争半钱之利。此其相去何啻九牛毛哉？

178 / 居仁由义，大人之事备矣。

179 / 有能一日用其力于仁矣乎？我未见力不足者。

180 / 饭疏食，饮水，曲肱而枕之，乐亦在其中矣。

181 / 有言逆于汝心，必求诸道。

182 / 人皆可以为尧舜。

183 / 尧舜与人同耳。

210 / 一日克己复礼，天下归仁焉。
211 / 欲知舜与跖之分，无他，利与善之间也。
212 / 善不积不足以成名。
213 / 诚者，物之终始；不诚，无物。
214 / 为仁由己，而由人乎哉？
215 / 其辞恭，其欲俭。
216 / 小人不耻不仁，不畏不义，不见利不劝，不威不惩。
217 / 天之生斯民也，以先知觉后知，以先觉觉后觉。
218 / 中也养不中，才也养不才。
219 / 存其心。
220 / 力不足者，中道而废。今女画。
221 / 见善则迁，有过则改。
222 / 诚者，自成也；而道，自道也。
223 / 以道制欲，则乐而不乱；以欲忘道，则惑而不乐。
224 / 君子喻于义，小人喻于利。
225 / 入则孝，出则弟，谨而信，泛爱众，而亲仁。
226 / 舍者避席，炀者避灶。
228 / 不知务。
229 / 亦为之而已矣。
230 / 和顺积中，而英华发外。
231 / 天地之性人为贵。
232 / 必则古昔，称先王。
233 / 己欲立而立人。
234 / 嫂溺不援。
235 / 上帝临女，无贰尔心。
236 / 儆戒无虞，罔失法度，罔游于逸，罔淫于乐。
237 / 直方大，不习无不利。

第五章　处世篇

267 / 道在迩而求诸远，事在易而求诸难。

268 / 素富贵行乎富贵，素贫贱行乎贫贱，素夷狄行乎夷狄，素患难行乎患难，君子无入而不自得焉。

269 / 徐行后长者谓之弟，疾行先长者谓之不弟。夫徐行者，岂人所不能哉？不为也。

270 / 日严祗敬六德。

271 / 请事斯语。

272 / 所恶于智者，为其凿也。如智者若禹之行水也，则无恶于智矣。禹之行水也，行其所无事也。如智者亦行其所无事，则智亦大矣。

273 / 先为不可胜，以待敌之可胜。

274 / 无恃其不来，恃吾有以待之；无恃其不攻，恃吾有所不可攻。

275 / 乡愿，德之贼也。

276 / 执事敬。

277 / 以义制事，以礼制心。

278 / 不可则止。

279 / 居其室，出其言善，则千里之外应之。出其言不善，则千里之外违之。

280 / 靡不有初，鲜克有终。

281 / 言必信，行必果。硁硁然小人哉。

282 / 言人之不善，当如后患何？

283 / 掘井九仞而不及泉，犹为弃井。

284 / 行百里者半于九十。

285 / 不知言，无以知人也。

286 / 存乎人者，莫良于眸子。眸子不能掩其恶。胸中正则眸子瞭焉，胸中不正则眸子眊焉。
287 / 士，诚小人也。
289 / 贤贤易色。
290 / 可与适道，未可与立；可与立，未可与权。
291 / 予欲无言。
292 / 学不为人。
293 / 古之学者为己，今之学者为人。
294 / 君子役物，小人役于物。
295 / 不言而信，存乎德行。
296 / 知至至之，可与言几也；知终终之，可与存义也。
297 / 物格而后知至，知至而后意诚，意诚而后心正，心正而后身修。
298 / 始条理者，智之事也；终条理者，圣之事也。
299 / 中焉止矣。
300 / 权，然后知轻重；度，然后知长短。物皆然，心为甚。
301 / 居天下之广居，立天下之正位，行天下之大道。
302 / 源泉混混，不舍昼夜，盈科而后进，放乎四海。
303 / 主忠信，毋友不如己者。
304 / 知进退存亡，而不失其正。
305 / 战战兢兢，如临深渊，如履薄冰。
306 / 若蹈虎尾，涉于春冰。
307 / 与天地相似。
308 / 君子以明庶政，无敢折狱。
309 / 思曰睿。睿作圣。
310 / 知及之，仁不能守之，虽得之，必失之。
311 / 庸言之信，庸行之谨，闲邪存其诚，善世而不伐，德博而化。

312 / 勿忘，勿助长。

313 / 雷在天上，大壮，君子以非礼弗履。

314 / 我亦欲正人心，息邪说，距诐行，放淫辞，以承三圣者。

315 / 任贤勿贰，去邪勿疑。

316 / 所欲有甚于生者，所恶有甚于死者。

317 / 知之为知之，不知为不知，是知也。

318 / 虽愚必明，虽柔必强。

319 / 其为人也，发愤忘食，乐以忘忧，不知老之将至。

320 / 不迁怒，不贰过。

321 / 君子有四时：朝以听政，昼以访问，夕以修令，夜以安身。所以节宣其气，而勿使壅闭湫底以露其体。兹心不爽，而昏乱百度。

322 / 观于海者难为水，游于圣人之门者难为言。

323 / 故日月不过，而四时不忒。

324 / 令闻广誉施于身。

325 / 自求多福。

326 / 祸福无不自己求之者。

327 / 作善，降之百祥；作不善，降之百殃。

328 / 一惭之不忍，而终身惭乎？

329 / 惟仁者能好人，能恶人。

330 / 君子以自昭明德。

331 / 其进锐者，其退速。

332 / 察见渊中鱼不祥。

333 / 艮其背，不获其身；行其庭，不见其人。

334 / 和而不流。中立而不倚。

335 / 狂者进取，狷者有所不为。

365 / 即鹿无虞，惟入于林中。

366 / 成汤放桀于南巢，惟有惭德。

367 / 如川之方至。

368 / 臧与谷共牧羊，而俱亡其羊。问臧奚事？曰博塞以游；问谷奚事？曰挟策读书。其为亡羊一也。

第六章　劝学篇

371 / 学而不厌。

372 / 好学近乎知。

373 / 未见其止。

374 / 吾有知乎哉。

375 / 多学而识之。

376 / 吾尝终日不食，终夜不寝以思，无益，不如学也。

377 / 我非生而知之者，好古，敏以求之者也。

378 / 我学不厌而教不倦。

379 / 尽信《书》，则不如无《书》。

380 / 子路使子羔为费宰。子曰："贼夫人之子。"

381 / 夫人幼而学之，壮而欲行之。

382 / 学如不及。

383 / 问之弗知，弗措。辨之弗明，弗措。

384 / 以能问于不能，以多问于寡。

385 / 束书不观，游谈无根。

386 / 颂其诗，读其书，不知其人，可乎？

387 / 回非助我。

388 / 起予者商。

389 / 吾末如之何也已矣。

390 / 再三渎，渎则不告。

391 / 优而柔之，使自求之，餍而饫之，使自趋之。若江海之浸，膏泽之润，涣然冰释，怡然理顺，然后为得也。

392 / 视其庭可以搏鼠，乌能与我歌乎。

393 / 毫发无遗恨，波澜独老成。

394 / 学不躐等。

395 / 时敏，厥修。

396 / 如切如磋者，道学也；如琢如磨者，自修也。

397 / 性与天道不可得而闻。

398 / 人而不为《周南》《召南》，其犹正墙面而立也。

399 / 以通天下之志，以定天下之业，以断天下之疑。

400 / 无有师保，如临父母。

401 / 言之重，辞之复，其中必有大美者焉。

402 / 自得。

403 / 务学不如务求师。师者，人之模范也。模不模，范不范，为不少矣。

404 / 小子何莫学夫《诗》。

405 / 终日不违，如愚，退而省其私，亦足以发。回也，不愚。

406 / 为学逊志。

407 / 博学之，审问之，谨思之，明辨之，笃行之。

408 / 愿学。

第七章　为政篇

411 / 所过者化，所存者神，上下与天地同流，岂曰小补之哉？

412 / 宿道乡方。

413 / 民为贵，社稷次之，君为轻。

414 / 德惟善政，政在养民。

415 / 不以智治国，国之福。

416 / 治大国，若烹小鲜。

417 / 天生民而立之君，使司牧之。

418 / 百姓足，君孰与不足。

419 / 损下益上。

420 / 损上益下。

421 / 无君子莫治野人，无野人莫养君子。

422 / 民惟邦本。

423 / 渊渊其渊，浩浩其天。

424 / 与其杀不辜，宁失不经。

425 / 化而裁之谓之变，推而行之谓之通，举而措之天下之民谓之事业。

426 / 不识不知，顺帝之则。

427 / 为治不在多言，顾力行何如耳。

428 / 德之流行速于置邮而传命。

429 / 道二，仁与不仁而已矣。

430 / 君不君，臣不臣，父不父，子不子。

431 / 上失其道，民散久矣。如得其情，则哀矜而勿喜。

432 / 为政在人，取人以身，修身以道，修道以仁。

433 / 君子之过也，如日月之食焉。过也，人皆见之；及其更也，人皆仰之。

434 / 理财正辞、禁民为非曰义。

435 / 后克艰厥后，臣克艰厥臣。

436 / 贵而无位，高而无民。

437 / 隐而未见，行而未成。

438 / 无偏无党，王道荡荡；无党无偏，王道平平；无反无侧，王道正直。

439 / 上天之载。

467 / 舜好问而好察迩言，隐恶而扬善。

468 / 使民宜之。

469 / 庶人谤于道，商旅议于市。

470 / 学古入官。

471 / 天下莫不与也。

473 / 何必曰利？亦有仁义而已。

475 / 察于人伦。

476 / 泽上有地，临。君子以教思无穷，容保民无疆。

477 / 自古皆有死，民无信不立。

478 / 天聪明，自我民聪明；天明畏，自我民明威。

479 / 予违，汝弼。

480 / 惟帝时克。

481 / 知人则哲，能官人。

482 / 惟天生民有欲，无主乃乱，惟天生聪明时乂。

483 / 呜呼！谨厥终，惟其始，殖有礼，覆昏暴，钦崇天道，永保天命。

484 / 事不师古，以克永世，匪说攸闻。

485 / 为政以德。

486 / 饥者易为食，渴者易为饮。

487 / 故事半古之人，功必倍之，惟此时为然。

488 / 成孝敬，厚人伦，美教化，移风俗。

489 / 为君难，为臣不易。

491 / 察于民之故。

492 / 国家闲暇，及是时，明其政刑，虽大国必畏之矣。

493 / 今之郡守、县令，民之师帅，所使承流而宣化也。

494 / 克知三有宅心，灼见三有俊心，以敬事上帝，立民长伯。

495 / 天视自我民视，天听自我民听。

521 / 若射之有志。

522 / 假寇兵，资盗粮。

523 / 于变时雍。

524 / 仰则观象于天，俯则观法于地，观鸟兽之文与地之宜。近取诸身，远取诸物，于是始作八卦，以通神明之德，类万物之情。

525 / 会其有极，归其有极。

526 / 朕言惠可底行。

527 / 予决九川，距四海，浚畎浍距川。

528 / 予暨益播庶鲜食艰食，烝民乃粒，万邦作乂。

529 / 予创若时，娶于涂山，辛壬癸甲，启呱呱而泣，予弗子，惟荒度土功。

530 / 尔有嘉谋嘉猷，入告尔后于内，尔乃顺之于外，曰“斯谋斯猷，惟我后之德”。

531 / 任大而守重。

532 / 文王罔攸兼于庶言，庶狱庶事。

533 / 陛下当择臣辈以辅圣德，臣当选京兆尹以承大化，尹当求令长以亲细事。代尹择令，非陛下所宜。

534 / 万方有罪，罪在朕躬。

535 / 百姓有过，在予一人。

536 / 小心翼翼，昭事上帝。

537 / 天子置公卿辅弼之臣，宁令从谀承意，陷主于不义乎？且已在其位，纵爱身，奈辱朝廷何？

538 / 乃有大罪，非终，乃惟眚灾，适尔，既道极厥辜，时乃不可杀。

539 / 政者，正也。

540 / 可使制梃以挞秦楚之坚甲利兵。

第一章　本心篇

大人者，不失其赤子之心。

引用于《陆九渊全集》卷十一《与李宰》

◆ **原典**

大人者，不失其赤子之心者也。

——《孟子·离娄下》

◆ **释义**

德高望重的人不会偏离他与生俱来的纯洁善良的心。

牛山之木尝美矣。

引用于《陆九渊全集》卷七《与彭子寿》

◆ 原典

孟子曰：牛山之木尝美矣，以其郊于大国也，斧斤伐之，可以为美乎？是其日夜之所息，雨露之所润，非无萌蘖之生焉，牛羊又从而牧之，是以若彼濯濯也。人见其濯濯也，以为未尝有材焉，此岂山之性也哉？

虽存乎人者，岂无仁义之心哉？其所以放其良心者，亦犹斧斤之于木也，旦旦而伐之，可以为美乎？其日夜之所息，平旦之气，其好恶与人相近也者几希，则其旦昼之所为，有梏亡之矣。梏之反覆，则其夜气不足以存；夜气不足以存，则其违禽兽不远矣。人见其禽兽也，而以为未尝有才焉者，是岂人之情也哉？

故苟得其养，无物不长；苟失其养，无物不消。孔子曰："操则存，舍则亡；出入无时，莫知其乡。"惟心之谓与！

——《孟子·告子上》

◆ 释义

孟子说：牛山的树木曾经是很茂盛的，但是由于它在大都的郊外，经常遭到人们斧头的砍伐，还能保持茂盛吗？当然，山上的树木日夜都在生长，雨露也在滋润着，并非没有青枝嫩芽萌发，但随后又有人在这里放牧牛羊，所以就像这样光秃秃的了。人们看见牛山光秃秃的，还以为此山不曾有过高大的树木，这难道是这牛山的本性吗？

即使对一些人来说，难道没有仁义之心吗？他们放任良心失去，也就像用斧头砍伐树木一样，天天砍伐，还能保持茂盛吗？他们日夜生息，在天刚亮时的清明之气，这些在他心里所产生出来的好恶与一般人相近的只有一点点了，可到了第二天，他们的所作所为又使它们窒息消亡。反复窒息的结果，便使他们夜晚的息养之气不足以存在了；夜晚的息养之气不足以存在，也就和禽兽差不多了。人们见到这些人的所作所为和禽兽差不多，还以为他们从来就没有过良心善性。这难道是人的本性吗？

所以，假如得到滋养，没有什么东西不生长；假如失去滋养，没有什么东西不消亡。孔子说过："把握住了就存在，放弃便失去；进出没有一定的时候，也不知它的去向。"这就是指人心而言啊！

敦彼行苇，
牛羊勿践履。

引用于《陆九渊全集》卷十九《宜章县学记》

◆ 原典

敦①彼行②苇，牛羊勿践履。方苞方体，维叶泥泥。

——《诗经·大雅·行苇》

◆ 释义

那路边丛生出一片新芦苇，不要让牛羊去践踏。嫩芽刚长出、枝条刚长成，苇叶润泽有光彩。

① 敦（tuán）：丛生的样子。
② 行（háng）：道路。

此之谓失其本心。

引用于《陆九渊全集》卷十一《与李宰》

◆ **原典**

乡①为身死而不受，今为宫室之美为之；乡为身死而不受，今为妻妾之奉为之；乡为身死而不受，今为所识穷乏者得我而为之；是亦不可以已乎？此之谓失其本心。

——《孟子·告子上》

◆ **释义**

以前宁死不接受，现在为了住宅的华丽却接受了它；以前宁死不接受，现在为了妻妾的侍奉却接受了它；以前宁死不接受，现在为了认识的穷人感激自己却接受了它。这种做法不是可以停止了吗？这就叫做丧失了人与生俱来的良心。

① 乡：通“向”。

非独贤者有是心也，人皆有之，贤者能勿丧耳。

引用于《陆九渊全集》卷十一《与李宰》

◆ **原典**

非独贤者有是心也，人皆有之，贤者能勿丧耳。

——《孟子·告子上》

◆ **释义**

不只是有贤能的人才有这样的心，人人都有这样的心，只是有贤能的人能够不丧失这样的心罢了。

心苟无瑕，何恤乎无家？

引用于《陆九渊全集》卷八《与苏宰》

◆ **原典**

心苟无瑕，何恤乎无家？

——《左传·闵公·闵公元年》

◆ **释义**

如果心里纯洁无邪，何必发愁没有立足之地呢？

所不学而能者，其良能也；所不虑而知者，其良知也。

引用于《陆九渊全集》卷一《与曾宅之》

◆ **原典**

孟子曰："人之所不学而能者，其良能也；所不虑而知者，其良知也。"

——《孟子·尽心上》

◆ **释义**

孟子说："人不经学习就能做的，那是与生俱来的能力；不经思考就能知道的，那是与生俱来的认知。"

人之有是而自谓不能者，自贼者也；谓其君不能者，贼其君者也。

引用于《陆九渊全集》卷一《与邵叔谊》

◆ **原典**

恻隐之心，仁之端也；羞恶之心，义之端也；辞让之心，礼之端也；是非之心，智之端也。人之有是四端也，犹其有四体也。有是四端，而自谓不能者，自贼者也；谓其君不能者，贼其君者也。

——《孟子·公孙丑上》

◆ **释义**

同情心是仁的发端，羞耻心是义的发端，谦让心是礼的发端，是非心是智的发端。人有这四种发端，就像有四肢一样。有了这四种发端却自认为不行的，是自暴自弃的人；认为他的君主不行的，是暴弃君主的人。

若火之始然，泉之始达。

引用于《陆九渊全集》卷五《与戴少望》

◆ **原典**

凡有四端于我者，知皆扩而充之矣，若火之始然①，泉之始达。苟能充之足以保四海；苟不充之不足以事父母。

——《孟子·公孙丑上》

◆ **释义**

凡自身保有（仁、义、礼、智）这四种开端的，就懂得扩大充实它们，好像火刚刚燃起、泉水刚刚涌出一样（不可遏止）。如果能扩充它，就足以安定天下；如果不扩充它，那就连侍奉父母都做不到。

① 然：通“燃”。

六言六蔽。

引用于《陆九渊全集》卷二十一《孟子说》

◆ 原典

子曰："由也，女闻六言六蔽矣乎？"对曰："未也。""居！吾语女。好仁不好学，其蔽也愚；好知不好学，其蔽也荡；好信不好学，其蔽也贼；好直不好学，其蔽也绞；好勇不好学，其蔽也乱；好刚不好学，其蔽也狂。"

——《论语·阳货》

◆ 释义

孔子说："由呀，你听说过六种品德和六种弊病吗？"子路回答说："没有。"孔子说："坐下，我告诉你。爱好仁德而不爱好学习，它的弊病是受人愚弄；爱好智慧而不爱好学习，它的弊病是行为放荡；爱好诚信而不爱好学习，它的弊病是危害亲人；爱好直率却不爱好学习，它的弊病是说话尖刻；爱好勇敢却不爱好学习，它的弊病是犯上作乱；爱好刚强却不爱好学习，它的弊病是狂妄自大。"

远为蔽，近为蔽，
博为蔽，浅为蔽。

引用于《陆九渊全集》卷三十五《语录下》

◆ 原典

故为蔽：欲为蔽，恶为蔽，始为蔽，终为蔽，远为蔽，近为蔽，博为蔽，浅为蔽，古为蔽，今为蔽。凡万物异则莫不相为蔽，此心术之公患也。

——《荀子·解蔽》

◆ 释义

什么东西会造成蒙蔽？爱好会造成蒙蔽，憎恶会造成蒙蔽；只看到开始会造成蒙蔽，只看到终了会造成蒙蔽；只看到远处会造成蒙蔽，只看到近处会造成蒙蔽；知识广博会造成蒙蔽，知识浅陋会造成蒙蔽；只了解古代会造成蒙蔽，只知道现在会造成蒙蔽。大凡事物有不同的对立面的，无不会交互造成蒙蔽，这是思想方法上一个普遍的祸害啊。

养心莫善于寡欲。

引用于《陆九渊全集》卷三十二《“养心莫善于寡欲”》

◆ 原典

孟子曰：“养心莫善于寡欲。其为人也寡欲，虽有不存焉者，寡矣；其为人也多欲，虽有存焉者，寡矣。”

——《孟子·尽心下》

◆ 释义

孟子说：“修养内心的方法没有比减少欲望更好的了。一个人如果欲望很少，那么他内心好的部分即使所有迷失，也是很少的；一个人如果欲望很多，那么他内心好的部分即使有所保存，也是很少的。”

人能充无欲害人之心，而仁不可胜用也；人能充无穿窬之心，而义不可胜用也。

引用于《陆九渊全集》卷一《与曾宅之》

◆ 原典

孟子曰："人皆有所不忍，达之于其所忍，仁也；人皆有所不为，达之于其所为，义也。人能充无欲害人之心，而仁不可胜用也；人能充无穿窬之心，而义不可胜用也。"

——《孟子·尽心下》

◆ 释义

孟子说："人人都有不忍心干的事，把它推及到他所忍心去干的事上，就是仁；人人都有不肯去干的事，把它推及到他所肯干的事上，就是义。一个人能够扩展不想害人的心，那么仁便用不完了。人能够扩充不挖洞跳墙之心，义就用不完了啊。"

山径之蹊间，
介然用之而成路；
为间不用，
则茅塞之矣。

引用于《陆九渊全集》卷十五《与孙季和》

◆ 原典

孟子谓高子曰："山径之蹊间，介然用之而成路；为间不用，则茅塞之矣。今茅塞子之心矣。"

——《孟子·尽心下》

◆ 释义

孟子对高子说："山坡间的小路，经常有人行走便踏成了一条路；有一段时间没人去走，又会被茅草堵塞了。现在茅草堵塞了你的心。"

人之所以异于
禽兽者几希，
庶民去之，
君子存之。

引用于《陆九渊全集》卷二《与王顺伯》

◆ **原典**

孟子曰："人之所以异于禽兽者几希，庶民去之，君子存之。"

——《孟子·离娄下》

◆ **释义**

孟子说："人区别于禽兽的地方只有很少一点点，一般的人丢弃了它，君子保存了它。"

君子之所以异于人者，以其存心也。

引用于《陆九渊全集》卷十一《与李宰》

◆ **原典**

孟子曰：“君子之所以异于人者，以其存心也。君子以仁存心，以礼存心。”

——《孟子·离娄下》

◆ **释义**

孟子说：“君子与一般人不同的地方，是因为他保存了自己的本心。君子将仁保存在内心，将礼保存在内心。”

绘事后素。

引用于《陆九渊全集》卷三十四《语录上》

◆ **原典**

子夏问曰："'巧笑倩兮，美目盼兮，素以为绚兮'，何谓也？"子曰："绘事后素。"

——《论语·八佾》

◆ **释义**

子夏问道："《诗经·卫风·硕人》一文中说，'天生丽质笑起来多么美丽呀！黑白分明的大眼睛多么灵动啊！不需要加以粉饰就已经是绚丽多彩的美人画面了'，这几句是什么意思啊？"孔子回答道："在白绢的素面上绘画，才能体现出五彩的绚丽。"

万物皆备于我矣。
反身而诚，
乐莫大焉。

引用于《陆九渊全集》卷三十四《语录上》

◆ 原典

孟子曰："万物皆备于我矣。反身而诚，乐莫大焉。强恕而行，求仁莫近焉。"

——《孟子·尽心上》

◆ 释义

孟子说："万物的本性我都具备了。向内探求到至诚境界，便是最大的快乐。尽力按宽仁之道办事，便是最接近仁德的道路。"

非由外铄我也。

引用于《陆九渊全集》卷一《与邵叔谊》

◆ **原典**

仁义礼智，非由外铄我也，我固有之也，弗思耳矣。

——《孟子·告子上》

◆ **释义**

仁义礼智不是由外在的因素加给我的，而是我本身固有的，只不过平时没有去想它，因而不觉得罢了。

人心惟危，
道心惟微，
惟精惟一，
允执厥中。

引用于《陆九渊全集》卷三十二《“人心惟危”》

◆ 原典

人心惟危，道心惟微，惟精惟一，允执厥中。

——《尚书·虞书·大禹谟》

◆ 释义

人心是危险难测的，道心（伦理道德的准则）是精深微妙的，只有精纯专一，真诚地遵守不偏不倚的中庸之道。

先立乎其大者，
则其小者不能夺也。

引用于《陆九渊全集》卷十一《与朱济道》

◆ **原典**

公都子问曰："钧是人也，或为大人，或为小人，何也？"孟子曰："从其大体为大人，从其小体为小人。"曰："钧是人也，或从其大体，或从其小体，何也？"曰："耳目之官不思，而蔽于物。物交物，则引之而已矣。心之官则思，思则得之，不思则不得也。此天之所与我者。先立乎其大者，则其小者不能夺也。此为大人而已矣。"

——《孟子·告子上》

◆ **释义**

公都子问道："同样是人，有的人是君子，有的人是小人，为什么呢？"孟子答道："顺从身体重要部分的是君子，顺从身体次要部分的是小人。"问道："同样是人，有的人顺从身体重要部分的需要，有的人顺从身体次要部分的欲望，为什么呢？"答道："耳朵眼睛这类器官不会思考，故易为外物所蒙蔽。〔故耳目也不过是一物。它们〕一与外物接触，便被引向迷途了。心这个器官的功能是思考，一思考便可求得事物的真谛，不思考便得不到。这个器官是上天特意给我们的。因此，先把这重要的器官竖立起来，次要的器官便不能喧宾夺主了。要成为君子，不过如此。”

求在我者。

引用于《陆九渊全集》卷二十《赠吴叔有》

◆ 原典

孟子曰："求则得之，舍则失之，是求有益于得也，求在我者也。求之有道，得之有命，是求无益于得也，求在外者也。"

——《孟子·尽心上》

◆ 释义

孟子说："寻求就能得到它，舍弃就会失掉它；这样寻求就有益于得到，因为所寻求的存在于我本身之内的缘故。寻求它有方法，得到它靠命运，这样寻求无益于得到，因为所寻求的在我本身之外的缘故。"

『棠棣之华，偏其反而，岂不尔思？室是远而。』子曰：『未之思也！夫何远之有？』

引用于《陆九渊全集》卷三十四《语录上》

◆ 原典

“唐①棣之华，偏其反而，岂不尔思？室是远而。”子曰：“未之思也！夫何远之有？”

——《论语·子罕》

◆ 释义

“唐棣树的花翩翩地摇摆，难道不思念你吗？是因为家住得太远了。”孔子说：“那是没有真正的思念啊！怎么会是遥远的原因？”

① 唐：《陆九渊全集》为“棠”。

心诚求之，虽不中，不远矣。

引用于《陆九渊全集》卷三《与刘深甫》

◆ **原典**

心诚求之，虽不中，不远矣。未有学养子而后嫁者也。

——《大学》

◆ **释义**

内心真诚地去追求，即使没到达目标，离目标也不远了。从来没有人先学会养儿子，然后才嫁人的。

知之非艰，行之惟艰。

引用于《陆九渊全集》卷三《与曹立之》

◆ **原典**

非知之艰，行之惟艰。王忱不艰，允协于先王成德，惟说[①]不言有厥咎。

——《尚书·商书·说命中》

◆ **释义**

不是知道一件事艰难，而是实行一件事很难。大王您如果真心不以实行为难，就真的合于先王的盛德了，我傅说如果有话不讲那才有罪过呢。

① 说，即“傅说”。傅说（约前1335—前1246），殷商时期卓越的政治家、军事家，辅佐殷商高宗武丁安邦治国。

尊其所闻则高明，
行其所知则光大。

引用于《陆九渊全集》卷三《与黄元吉》

◆ 原典

尊其所闻则高明矣，行其所知则光大矣。高明光大，不在于他，在乎加之意而已。

——《曾子》

◆ 释义

尊重所听到的道理，他就算是高明的了；实践所掌握的知识，他就算是光大的了。高明光大，不在于别的，就在于认真注意罢了。

至于心，独无所同然乎？

引用于《陆九渊全集》卷十《与朱益叔》

◆ **原典**

故曰："口之于味也，有同耆焉；耳之于声也，有同听焉；目之于色也，有同美焉。至于心，独无所同然乎？心之所同然者何也？谓理也，义也。"

——《孟子·告子上》

◆ **释义**

所以说："口对于味道有相同的嗜好，耳朵对于声音有相同的听觉，眼睛对于颜色有相同的美感。一说到心，难道就偏偏没有相同的地方了吗？心相同的地方是什么？就是理和义。"

四方上下曰宇，往古来今曰宙。

引用于《陆九渊全集》卷二十二《杂说》

◆ **原典**

天地四方曰宇，往古来今曰宙。

——《尸子》

◆ **释义**

天地之间和东南西北的范围就叫“宇”，久远的过去加上永远的未来就叫“宙”。

仁，人心也；
义，人路也。
舍其路而弗由，
放其心而不知求，
哀哉！

引用于《陆九渊全集》卷十五《与孙季和》

◆ 原典

孟子曰：“仁，人心也；义，人路也。舍其路而弗由，放其心而不知求，哀哉！人有鸡犬放则知求之；有放心而不知求。学问之道无他，求其放心而已矣。”

——《孟子·告子上》

◆ 释义

孟子说：“仁是人心最本质的特征；义是人应该走的道路。放弃了应该走的道路不走，丢失了最本质的特征却不知去寻求，悲哀啊！有的人鸡狗丢失了倒知道去找，本心丢失了却不知道去寻求。学问的关键没有别的，就是把那失去了的本心找回来罢了。”

欲正其心者，
先诚其意；
欲诚其意者，
先致其知；
致知在格物。

引用于《陆九渊全集》卷十一《与李宰》

◆ 原典

古之欲明明德于天下者，先治其国；欲治其国者，先齐其家；欲齐其家者，先修其身；欲修其身者，先正其心；欲正其心者，先诚其意；欲诚其意者，先致其知；致知在格物。

——《大学》

◆ 释义

古时候，要想使天下人都发扬光明正大的德行，就要先治理好自己的国家；想要先治理好自己的国家，就要先管理好自己的家庭；要想管理好自己的家庭，就要先修养自己的身心；要想修养自己的身心，就要先端正自己的心志；要想端正自己的心志，就要先使自己的意念真诚；要想使自己的意念真诚，就要先丰富自己的知识；丰富自己的知识，就得深入研究事物的原理。

饥甘食，
渴甘饮，
是未得饮食之正也。

引用于《陆九渊全集》卷二十《赠吴叔有》

◆ 原典

孟子曰："饥者甘食，渴者甘饮，是未得饮食之正也，饥渴害之也。岂惟口腹有饥渴之害？人心亦皆有害。人能无以饥渴之害为心害，则不及人不为忧矣。"

——《孟子·尽心上》

◆ 释义

孟子说："饥饿的人觉得任何食物都好吃，口渴的人觉得任何水都好喝，这并没有尝到饮食的正常味道，而是受了饥渴损害的缘故。难道只有嘴巴肚子有饥渴的损害？人心也都有损害。人们能够不把（类似）饥渴的损害变成对心的损害，那么赶不上别人，也不必为此忧虑了。"

养而无害，
则塞于天地之间。

引用于《陆九渊全集》卷三十五《语录下》

◆ **原典**

其为气也，至大至刚，以直养而无害，则塞于天地之间。

——《孟子·公孙丑上》

◆ **释义**

那一种气最伟大，最刚强。用正义去培养它，一点不加伤害，就会充满天地之间。

人生而静，
天之性也，
感于物而动，
性之欲也。

引用于《陆九渊全集》卷三十四《语录上》

◆ **原典**

人生而静，天之性也。感于物而动，性之欲也。物至知知，然后好恶形焉。好恶无节于内，知诱于外，不能反躬，天理灭矣。

——《礼记·乐记》

◆ **释义**

人生来沉静，这是人的先天禀性。由外界事物的影响而生出不同的感受，这是天性的一种本能。然后由于能够感于物之动而后渐渐能够分辨各种不同的感受，就形成了不同的喜好与厌恶。内在的好恶是不能够有效节制的，外物的诱惑也不是自己能够控制的，如果自己再不能够时刻反省自己，那么人的天性就会逐渐丧失。

仁义礼智根于心，
其生色也，
睟然见于面，
盎于背，
施于四体，
四体不言而喻。

引用于《陆九渊全集》卷十五《与陶赞仲》

◆ **原典**

孟子曰：“君子所性，仁义礼智根于心，其生色也，睟然见于面，盎于背，施于四体，四体不言而喻。”

——《孟子·尽心上》

◆ **释义**

孟子说：“君子的本性，仁义礼智植根在心中，它们产生的气色是纯正和润的，显现在脸上，充满在体内，延伸到四肢。四肢不必等他的吩咐，便明白该怎样做了。”

志壹动气。
气壹动志。

引用于《陆九渊全集》卷二十一《孟子说》

◆ **原典**

志壹则动气，气壹则动志也。今夫蹶者趋者，是气也，而反动其心。

——《孟子·公孙丑上》

◆ **释义**

心志专一会影响意念（专一），意念专一也会影响心志（专一）。如今一蹶不振的人和长驱直入的人，这种意念反过来影响了他的心志。

尽其心者，知其性也。知其性，则知天矣。

引用于《陆九渊全集》卷三十五《语录下》

◆ 原典

孟子曰："尽其心者，知其性也。知其性，则知天矣。"

——《孟子·尽心上》

◆ 释义

孟子说："充分运用心灵思考的人，是知道人的本性的人。知道人的本性，就知道天命。"

持其志，无暴其气。

引用于《陆九渊全集》卷二十一《孟子说》

◆ **原典**

夫志，气之帅也；气，体之充也。夫志至焉，气次焉。故曰：“持其志，无暴其气。”

——《孟子·公孙丑上》

◆ **释义**

一个人的心志直接影响个人的意念，而意念是支撑一个身体的东西。因此一个人的心志是最重要的，而意念在心志的后面。所以说：“只要把握住一个人的心志，意念便不会出问题。”

惟圣罔念作狂，
惟狂克念作圣。

引用于《陆九渊全集》卷二十二《杂说》

◆ **原典**

惟圣罔念作狂，惟狂克念作圣。

——《尚书·周书·多方》

◆ **释义**

圣人有了不善之念就会变成狂人，狂人克制了不善之念就能变成圣人。

是何足与言仁义也。

引用于《陆九渊全集》卷三十五《语录下》

◆ 原典

孟子曰："恶！是何言也！齐人无以仁义与王言者，岂以仁义为不美也？其心曰：'是何足与言仁义也'云尔，则不敬莫大乎是。我非尧舜之道，不敢以陈于王前，故齐人莫如我敬王也。"

——《孟子·公孙丑下》

◆ 释义

孟子说："哎！这是什么话！在齐国人中，没有一个与齐王谈论仁义的。难道是他们觉得仁义不好吗？不是。他们心里想的是：'这样的王哪里配和他谈论仁义呢？'这才是他们对齐王最大的不恭敬。至于我，不是尧舜之道就不敢拿来向齐王陈述。所以，齐国人没有谁比我更对齐王恭敬了。"

尊德性。
道问学。

引用于《陆九渊全集》卷三十四《语录上》

◆ **原典**

故君子尊德性而道问学，致广大而尽精微，极高明而道中庸。

——《礼记·中庸》

◆ **释义**

所以君子既要尊重与生俱来的本能和善性，又要通过学习存养发展善性。达到宽广博大的境界同时又深入到细微之处，达到极端的高明同时又遵循中庸之道。

孩提之童，
无不知爱其亲；
及其长也，
无不知敬其兄。

引用于《陆九渊全集》卷十九《贵溪重修县学记》

◆ **原典**

孩提之童，无不知爱其亲者；及其长也，无不知敬其兄也。

——《孟子·尽心上》

◆ **释义**

幼小的孩子没有不知道爱他们的父母的；长大后，没有不知道要敬重他们的兄长。

常无观妙。常有观徼。

引用于《陆九渊全集》卷二《与朱元晦》

◆ **原典**

故常无欲，以观其妙；常有欲，以观其徼。

——《道德经》

◆ **释义**

所以人如果以没有欲望的心态去认识大道，就能体悟大道的微妙之处；人如果满怀私欲去认识大道，就只能看到大道所衍生出来的表面现象。

圣人与我同类。

引用于《陆九渊全集》卷十三《与郭邦逸》

◆ 原典

孟子曰："故凡同类者，举相似也，何独至于人而疑之？圣人与我同类者。"

——《孟子·告子上》

◆ 释义

孟子说："凡是同类的，全都是相似的，为什么一说到人就发生疑问了呢？圣人和我们是同类的。"

地之相去，
千有余里；
世之相后，
千有余岁。
得志行乎中国，
若合符节。

引用于《陆九渊全集》卷十三《与罗春伯》

◆ 原典

孟子曰：“舜生于诸冯，迁于负夏，卒于鸣条，东夷之人也。文王生于岐周，卒于毕郢，西夷之人也。地之相去也，千有余里；世之相后也，千有余岁。得志行乎中国，若合符节。”

——《孟子·离娄下》

◆ 释义

孟子说：“舜出生在诸冯，迁居到负夏，逝世于鸣条，是东方边地的人。周文王出生在岐周，逝世于毕郢，是西方边地的人。地方相隔一千多里，时代相差一千余年，但他们的道德治世的思想得以在中土实施，则如同符、节吻合那样一致。”

第二章　论道篇

朝闻道，夕死可矣。

引用于《陆九渊全集》卷十四《与傅子渊》

◆ 原典

子曰："朝闻道，夕死可矣。"

——《论语·里仁》

◆ 释义

孔子说："早上听到了仁义之道，即使为了实践仁义之道而在晚上死去也没有遗憾。"

语大，天下莫能载焉。
语小，天下莫能破焉。

引用于《陆九渊全集》卷三十五《语录下》

◆ **原典**

故君子语大，天下莫能载焉；语小，天下莫能破焉。《诗》云：“鸢飞戾天，鱼跃于渊。”言其上下察也。君子之道，造端乎夫妇，及其至也，察乎天地。

——《中庸》

◆ **释义**

所以君子说到“大”，就大得整个天下都装不下；君子说到“小”，就小得一点儿也分不开。《诗经》说：“鸢鸟飞向天空，鱼儿跳跃深水。”这是说上下分明。君子的道，开始于普通男女，但它的最高深境界却昭著于整个天地。

道也者，不可须臾离也，可离非道也。是故，君子戒慎乎其所不睹，恐惧乎其所不闻。

引用于《陆九渊全集》卷十三《与郭邦逸》

◆ **原典**

道也者，不可须臾离也；可离，非道也。是故，君子戒慎乎其所不睹，恐惧乎其所不闻。

——《中庸》

◆ **释义**

“道”是不可以片刻离开的，如果可以离开，那就不是“道”了。所以，品德高尚的人在没有人看见的地方也是谨慎的，在没有人听见的地方也是心存敬畏的。

诚则明矣，
明则诚矣。

引用于《陆九渊全集》卷三十五《语录下》

◆ **原典**

自诚明，谓之性；自明诚，谓之教。诚则明矣，明则诚矣。

——《中庸》

◆ **释义**

由真诚而自然明白道理，这叫做天性；由明白道理后做到真诚，这叫做教化。真诚也就会自然明白道理，明白道理后也就会做到真诚。

夫妇之愚，可以与知焉。

引用于《陆九渊全集》卷三十《“智者术之原”论》

◆ **原典**

君子之道费而隐。夫妇之愚，可以与知焉，及其至也，虽圣人亦有所不知焉。夫妇之不肖，可以能行焉，及其至也，虽圣人亦有所不能焉。

——《中庸》

◆ **释义**

君子的道广大而又精微。普通男女虽然愚昧，也可以知道君子的道；但它的最高深境界，即便是圣人也有弄不清楚的地方。普通男女虽然不贤明，也可以实行君子的道，但它的最高深境界，即便是圣人也有做不到的地方。

大学之道，
在明明德，
在新民，
在止于至善。

引用于《陆九渊全集》卷二十一《学说》

◆ **原典**

《大学》曰：“大学之道，在明明德，在新民，在止于至善。”

——《大学》

◆ **释义**

《大学》说：“大学的宗旨在于弘扬光明正大的品德，在于使人弃旧图新，在于使人达到最完善的境界。”

君子之道淡而不厌、简而文、温而理。

引用于《陆九渊全集》卷十四《与严泰伯》

◆ **原典**

君子之道淡而不厌、简而文、温而理；知远之近，知风之自，知微之显，可与入德矣。

——《中庸》

◆ **释义**

一个君子的主张和作为，看来平淡但不令人厌烦，虽然简约却又文雅，温和中显出道理来。能知道由远及近的道理，风向来自何处，从一点小事上能看到大事。这就可以说进入道德之门。

本诸身，
证诸庶民，
考诸三王而不缪，
建诸天地而不悖，
质诸鬼神而无疑，
百世以俟圣人而不惑。

引用于《陆九渊全集》卷十五《与陶赞仲》

◆ **原典**

故君子之道，本诸身，征诸庶民，考诸三王而不缪，建诸天地而不悖，质诸鬼神而无疑，百世以俟圣人而不惑。质诸鬼神而无疑，知天也；百世以俟圣人而不惑，知人也。

——《中庸》

◆ **释义**

所以君子治理天下应该以自身的德行为根本，并从老百姓那里得到验证。考查夏、商、周三代君王的制度而没有违背的地方，立于天地之间而不悖逆自然，质证于鬼神而没有疑问，等到百世以后圣人出现也不会产生疑惑。质证于鬼神而没有疑问，这是因为知道天理；等到百世以后圣人出现也不会产生疑惑，这是因为知道人情。

天道之与人道也，
相去远矣。

引用于《陆九渊全集》卷三十四《语录上》

◆ **原典**

何谓道？有天道，有人道。无为而尊者，天道也；有为而累者，人道也。主者，天道也；臣者，人道也。天道之与人道也，相去远矣，不可不察也。

——《庄子·在宥》

◆ **释义**

什么是道？有天道（自然规律），有人道（道德规范）。无为而尊贵的是天道，有为而劳累的是人道。处于主宰地位的是天道，臣于从属地位的是人道。天道与人道之间相距很远，不可以不明察。

一极备，凶；
一极无，凶。

引用于《陆九渊全集》卷二《与朱元晦》

◆ 原典

庶征：曰雨、曰旸、曰燠、曰寒、曰风。曰时五者来备，各以其叙，庶草蕃芜。一极备，凶；一极亡，凶。

——《尚书·周书·洪范》

◆ 释义

各种征兆：一是下雨，二是天晴，三是温暖，四是寒冷，五是刮风。如果这五种征兆俱全，并各自按时序发生，那么各种草木庄稼就会茂盛生长。一种自然现象出现过多，就会发生凶灾；一种自然现象缺失过多，也会发生凶灾。

富与贵，是人之所欲也，不以其道得之，不处也。

引用于《陆九渊全集》卷十二《与赵然道》

◆ **原典**

子曰："富与贵，是人之所欲也，不以其道得之，不处也；贫与贱，是人之所恶也，不以其道得之，不去也。君子去仁，恶乎成名？"

——《论语·里仁》

◆ **释义**

孔子说："富裕和显贵是人人都想要得到的，但不用正当的方法得到它，是不会接受的；贫穷与低贱是人人都厌恶的，但不用正当的方法去摆脱它，宁可不脱离贫穷。君子如果离开了仁德，怎么能叫君子呢？

非其道，
则一箪食
不可受于人；
如其道，
则舜受尧之天下
不以为泰，
子以为泰乎？

引用于《陆九渊全集》卷十二《与赵然道》

◆ 原典

彭更问曰："后车数十乘，从者数百人，以传食于诸侯，不以泰乎？"孟子曰："非其道，则一箪食不可受于人；如其道，则舜受尧之天下，不以为泰，子以为泰乎？"

——《孟子·滕文公下》

◆ 释义

彭更问："后面跟随着数十辆车，又跟随着几百人，在客馆里吃遍了诸侯各国，不以为过分吗？"孟子回答说："如果不合乎道义，就是一小篓饭也不可以接受；如果合乎道义，舜接受了尧的天下，都不以为过分。你以为过分吗？"

旷安宅而弗居，
舍正路而弗由。

引用于《陆九渊全集》卷二十《送毛元善序》

◆ **原典**

仁，人之安宅也；义，人之正路也。旷安宅而弗居，舍正路而不由，哀哉！

——《孟子·离娄上》

◆ **释义**

仁，是人们最安全的住宅；义，是人们最正大的道路。空放着安全的住宅不住，舍弃正大的道路不走，悲哀啊！

大道甚夷，
而民好径。

引用于《陆九渊全集》卷三十五《语录下》

◆ 原典

老子曰：“使我介然有知，行于大道，唯施是畏。大道甚夷，而人好径。”

——《道德经》

◆ 释义

老子说：“假如我稍微地有了认识，在大道上行走，唯一担心的是害怕走了邪路。大道很平坦，但人却喜欢走捷径。”

其至，尔力也；
其中，非尔力也。

引用于《陆九渊全集》卷十二《与赵咏道》

◆ 原典

孟子曰："智，譬则巧也；圣，譬则力也。由射于百步之外也，其至，尔力也；其中，非尔力也。"

——《孟子·万章下》

◆ 释义

孟子说："所谓智，就好比技能；所谓圣，就好比力量。这就像射箭于百步之外，箭能到达，是你的力量；箭能射中，就不是你的力量了。"

大哉！圣人之道。洋洋乎发育万物，峻极于天，优优大哉。

引用于《陆九渊全集》卷十三《与冯传之》

◆ 原典

大哉！圣人之道。洋洋乎发育万物，峻极于天，优优大哉。

——《中庸》

◆ 释义

伟大啊，圣人的道！浩浩荡荡啊！生养万物，与天一样崇高，充足而有余啊！

物有本末，
事有终始，
知所先后，
则近道矣。

引用于《陆九渊全集》卷一《与邵叔谊》

◆ 原典

物有本末，事有终始，知所先后，则近道矣。

——《大学》

◆ 释义

世界上的很多事物都有它的根本和末梢，事情有开端和结尾，我们在对待处理的时候，应该知道孰先孰后，孰本孰末，加以区别对待，这样的话，就离道不远了。

可欲之谓善。

引用于《陆九渊全集》卷三十五《语录下》

◆ 原典

孟子曰："可欲之谓善，有诸己之谓信，充实之谓美，充实而有光辉之谓大，大而化之之谓圣，圣而不可知之之谓神。"

——《孟子·尽心下》

◆ 释义

孟子说："值得追求的叫做善，自己有善叫做信，善充盈全身叫做美，充盈并且能发出光辉叫做大，光大并且能使天下人感化叫做圣，圣又高深莫测叫做神。"

行之而不著焉，
习矣而不察焉。

引用于《陆九渊全集》卷十二《与饶寿翁》

◆ **原典**

孟子曰：“行之而不著焉，习矣而不察焉，终身由之而不知其道者，众也。”

——《孟子·尽心上》

◆ **释义**

孟子说：“手头做的事情却不明白为什么要这样做，习以为常却觉察不出其中的缘由，一辈子走在这条路上，却不知晓这是条什么路的人太多啦。”

万物并育而不相害，道并行而不相悖。小德川流，大德敦化。

引用于《陆九渊全集》卷十三《与郑溥之》

◆ **原典**

万物并育而不相害，道并行而不相悖。小德川流，大德敦化。

——《中庸》

◆ **释义**

万物一起生长而互不妨害，道路同时并行而互不冲突。小的德行如河水一样长流不息，大的德行使万物仁爱敦厚，化生万物。

道之以德，
齐之以礼。

引用于《陆九渊全集》卷二十四《策问》

◆ 原典

子曰："道之以政，齐之以刑，民免而无耻。道之以德，齐之以礼，有耻且格。"

——《论语·为政》

◆ 释义

孔子说："用政令来治理百姓，用刑法来整顿他们，老百姓只求能免于犯罪受惩罚，却没有廉耻之心。用道德引导百姓，用礼制去同化他们，百姓不仅会有羞耻之心，而且有归服之心。"

『我能为君约与国，战必克。』今之所谓良臣，古之所谓民贼也。

引用于《陆九渊全集》卷二十四《策问》

◆ **原典**

孟子曰："今之事君者皆曰：'我能为君辟土地，充府库。'今之所谓良臣，古之所谓民贼也。君不乡道，不志于仁，而求富之，是富桀也。'我能为君约与国，战必克。'今之所谓良臣，古之所谓民贼也。君不乡道，不志于仁，而求为之强战，是辅桀也。由今之道，无变今之俗，虽与之天下，不能一朝居也。"

——《孟子·告子下》

◆ **释义**

孟子说："现在那些侍奉君主的人都说：'我能为君主开辟土地，增加财富。'现在所说的良臣，正是古代所说的残害百姓的人。君主不向往道德，不立志行仁，（做臣的）却谋求让他富足，这好比是让夏桀富足。（这些人又说：）'我能替君主纠集盟国，每战必胜。'现在所说的良臣，正是古代所说的残害百姓的人。君主不向往道德，不立志行仁，（做臣的）却为他拼命打仗，这好比是帮夏桀打仗。沿着现在这条路走，不改变现在这种风气，即使把天下给了他，也是一天都坐不安稳的。”

昔之惑人也，
乘其迷暗；
今之入人也，
因其高明。

引用于《陆九渊全集》卷二十四《策问》

◆ **原典**

其言曰："道之不明，异端害之也。昔之害近而易知，今之害深而难辨。昔之惑人也，乘其迷暗；今之入人也，因其高明。"

——《明道先生行状》

◆ **释义**

明道先生说："圣人之道不明于天下，是异端害了它。从前杨、墨危害圣学浅陋容易看出其荒谬，如今佛老危害圣学很深却难以明辨。从前杨、墨迷惑人是利用人的愚昧，如今佛老渗透人心是利用人的高明。"

志于道，据于德，
依于仁，游于艺。

引用于《陆九渊全集》卷二十一《论语说》

◆ **原典**

子曰："志于道，据于德，依于仁，游于艺。"

——《论语·述而》

◆ **释义**

孔子说："以道为志向，以德为根据，以仁为凭借，活动于六艺（礼、乐、射、御、书、数）的范围之中。"

中也者，
天下之大本也；
和也者，
天下之达道也。
致中和，
天地位焉，
万物育焉。

引用于《陆九渊全集》卷二《与朱元晦》

◆ 原典

喜怒哀乐之未发，谓之中；发而皆中节，谓之和。中也者，天下之大本也；和也者，天下之达道也。致中和，天地位焉，万物育焉。

——《中庸》

◆ 释义

喜怒哀乐没有表现出来的时候，叫做“中”，表现出来以后符合节度叫做“和”。“中”是人人都有的本性，“和”是大家遵循的原则，达到“中和”的境界，天地便各在其位了，万物便生长繁育了。

吾道一以贯之。

引用于《陆九渊全集》卷一《与曾宅之》

◆ **原典**

子曰："参乎！吾道一以贯之。"

——《论语·里仁》

◆ **释义**

孔子说："曾参啊！我讲的道，可以拿一个道理把它贯穿起来。"

二三子以我为隐乎？吾无隐乎尔。吾无行而不与二三子者。

引用于《陆九渊全集》卷三十六《年谱》

◆ **原典**

孔子曰："二三子以我为隐乎？吾无隐乎尔。吾无行而不与二三子者。"

——《论语·述而》

◆ **释义**

孔子说："你们几个以为我有高深奥妙的理论隐瞒不教吗？我对你们没有隐瞒。我没有一点不教给你们的。"

夫道，一而已矣。

引用于《陆九渊全集》卷一《与曾宅之》

◆ **原典**

孟子曰："世子疑吾言乎？夫道，一而已矣。"

——《孟子·滕文公上》

◆ **释义**

孟子说："太子怀疑我的话吗？真理啊，只有一个罢了。"

前圣后圣，其揆一也。

引用于《陆九渊全集》卷九《与杨守》

◆ **原典**

先圣后圣，其揆一也。

——《孟子·离娄下》

◆ **释义**

先前的圣人和后来的圣人，他们的准则是相同的。

百世之后，
等百世之王，
莫之能违也。

引用于《陆九渊全集》卷二十四《策问》

◆ **原典**

子贡曰："见其礼而知其政，闻其乐而知其德。由百世之后，等百世之王，莫之能违也。"

——《孟子·公孙丑上》

◆ **释义**

子贡说："看一国的礼制，就能了解它的政治；听一国的音乐，就知道它的德教。从现在到百世以后，衡量这百代君王的高下，都违背不了（孔子之道）。"

形而上者谓之道。

引用于《陆九渊全集》卷二《与朱元晦》

◆ **原典**

是故形而上者谓之道，形而下者谓之器。

——《周易·系辞上》

◆ **释义**

所以形体以上而不可见的就叫做道，形体以下可以见到的就叫做器。

一阴一阳之谓道。

引用于《陆九渊全集》卷二《与朱元晦》

◆ 原典

一阴一阳之谓道。继之者，善也；成之者，性也。

——《周易·系辞上》

◆ 释义

一阴一阳的相反相生运转不息，为宇宙万事万物盛衰存亡的根本，这就是道。由此发生的一切都是美好的；成就万事万物的是天命之性。

日用而不知。

引用于《陆九渊全集》卷四《与胡达材》

◆ **原典**

百姓日用而不知，故君子之道鲜矣。

——《周易·系辞上》

◆ **释义**

普通百姓在日常生活中天天使用道理却不明白其中内涵，所以能达到君子的道德标准的人很少。

刚、毅、木、讷，近仁。

引用于《陆九渊全集》卷五《与项平甫》

◆ 原典

子曰："刚、毅、木、讷，近仁。"

——《论语·子路》

◆ 释义

孔子说："公正无私的人、果敢坚忍的人、性情质朴的人、言语谨慎的人，与仁道是相近的。"

为国家者，见恶，
如农夫之务去草焉，
芟夷蕴崇之，
绝其本根，
勿使能殖，
则善者信矣。

引用于《陆九渊全集》卷五《与辛幼安》

◆ 原典

周任[1]有言曰："为国家者，见恶，如农夫之务去草焉，芟夷蕴崇之，绝其本根，勿使能殖，则善者信矣。"

——《左传·隐公六年》

◆ 释义

周任有句话说："治理国与家的人，看到坏事，就要像农夫看到杂草而务必除去它一样，把除去的杂草积聚起来用做肥料，锄去杂草的根，不使它生长，那么好的事情就可以发展了。"

① 周任：周时大夫。一说为古之良吏。其人正直无私，疾恶务去。

人能弘道，非道弘人。

引用于《陆九渊全集》卷十八《删定官轮对札子》

◆ **原典**

子曰："人能弘道，非道弘人。"

——《论语·卫灵公》

◆ **释义**

孔子说："人能够把道发扬光大，而不是道能把人发扬光大。"

吾身不能
居仁由义，
则谓之自弃。

引用于《陆九渊全集》卷十三《与郭邦逸》

◆ **原典**

自暴者，不可与有言也；自弃者，不可与有为也。言非礼义，谓之自暴也；吾身不能居仁由义，谓之自弃也。

——《孟子·离娄上》

◆ **释义**

自己损害自己的人，不能和他谈出有价值的言语；自己抛弃自己（对自己极不负责任）的人，不能和他做出有价值的事业。说话诋毁礼义，这叫自己戕害自己；自认为不能守仁行义，这叫自己抛弃自己。

士志于道，而耻恶衣恶食者，未足与议也。

引用于《陆九渊全集》卷二十一《论语说》

◆ 原典

子曰："士志于道，而耻恶衣恶食者，未足与议也。"

——《论语·里仁》

◆ 释义

孔子说："读书人立志于追求真理，但又以穿破衣、吃粗糙的饭食为耻，这种人就不值得和他谈论真理了。"

养其一指而失其肩背。

引用于《陆九渊全集》卷三《与童伯虞》

◆ 原典

孟子曰："人之于身也，兼所爱。兼所爱，则兼所养也。无尺寸之肤不爱焉，则无尺寸之肤不养也。所以考其善不善者，岂有他哉？于己取之而已矣。体有贵贱，有小大。无以小害大，无以贱害贵。养其小者为小人，养其大者为大人。今有场师，舍其梧、槚，养其樲棘，则为贱场师焉。养其一指而失其肩背，而不知也，则为狼疾①人也。饮食之人，则人贱之矣，为其养小以失大也。饮食之人无有失也，则口腹岂适为尺寸之肤哉？"

——《孟子·告子上》

◆ 释义

孟子说："人们对于自己的身体，哪一部分都爱护。都爱护，便都保养。没有一尺一寸的皮肤不爱护，便没有一尺一寸的皮肤不保养。考察他养护得好不好，难道还有别的方法吗？不过是看

① 狼疾：同"狼藉"。

他注重的是身体哪一部分罢了。身体有重要的，也有次要的；有小的，也有大的。不要因为小的而损害大的，不要因为次要的而损害重要的。保养小的就是小人，保养大的便是君子。现在有一位园艺师，放弃梧桐楸树，却去培养酸枣荆棘，那就是位很糟的园艺师。保养了一根手指，却丢失了肩头背脊，自己还不明白，那便是糊涂蛋了。只知道吃吃喝喝〔而不知道培养心志〕的人，人家都轻视他；因为他只保养了小的，而丢失了大的。如果讲究吃喝的人并不影响心志的培养，那么，他的吃喝难道只是为了养护那一尺一寸的肌肤吗?”

其为物不贰。

引用于《陆九渊全集》卷一《与邵叔谊》

◆ 原典

天地之道，可一言而尽也，其为物不贰，则其生物不测。

——《中庸》

◆ 释义

天地的法则用一句话就可以概括，它自身诚一不二，化育万物不可测度。

夫道若大路然，岂难知哉？

引用于《陆九渊全集》卷一《与曾宅之》

◆ **原典**

夫道若大路然，岂难知哉？人病不求耳。

——《孟子·告子下》

◆ **释义**

道就像大路一样，怎么会难以了解呢？就怕人不去寻求罢了。

天命之谓性。

引用于《陆九渊全集》卷三十五《语录下》

◆ 原典

天命之谓性，率性之谓道，修道之谓教。

——《中庸》

◆ 释义

上天所给予人的气质叫做性，依照本性去做事叫做道，修道的方法就是教化。

尧舜之道，孝弟而已矣。

引用于《陆九渊全集》卷一《与曾宅之》

◆ 原典

尧舜之道，孝弟而已矣。子服尧之服，诵尧之言，行尧之行，是尧而已矣。

——《孟子·告子下》

◆ 释义

尧舜之道，只有孝和悌罢了。你穿尧所穿的衣服，说尧所说的话，做尧所做的事，这样也就成为尧了。

道之将行也与，命也；道之将废也与，命也。公伯寮其如命何！

引用于《陆九渊全集》卷二十《赠丁润父》

◆ **原典**

子曰："道之将行也与，命也；道之将废也与，命也。公伯寮其如命何！"

——《论语·宪问》

◆ **释义**

孔子说："道将要实行，是天命决定的；道将要被废弃，也是天命决定的。公伯寮能把天命怎么样呢？"

飘风不终朝，
骤雨不终日。

引用于《陆九渊全集》卷三十一《问汉文武之治》

◆ 原典

希言自然。故飘风不终朝，骤雨不终日。孰为此者？天地。天地尚不能久，而况于人乎？

——《道德经》

◆ 释义

少说政令、不扰民是合乎自然的，所以再大的风刮不过一个早上，再大的雨下不了一整天。谁制造的狂风暴雨呢？是天地。天地兴风起雨尚且不能持久，何况人呢？

万物之所成终而成始也。

引用于《陆九渊全集》卷三十四《语录上》

◆ **原典**

艮，东北之卦也。万物之所成终而成始也。

——《周易·说卦》

◆ **释义**

艮是位置在东北方的卦（匹配冬春相交时期），万物到这时都成功终结一年生、长、化、收、藏的过程，而此时也将成为新一年的开始。

《易》与天地准。

引用于《陆九渊全集》卷六《与傅圣谟》

◆ **原典**

《易》与天地准，故能弥纶天地之道。

——《周易·系辞上》

◆ **释义**

《周易》所展示的道理是以天地为准则的，是对天地的模拟，所以天地的规律都包括在里面了。

石称丈量，径而寡失。

引用于《陆九渊全集》卷十《与詹子南》

◆ **原典**

夫铢铢而称之，至石必差；寸寸而度之，至丈必过。石称丈量，径而寡失。

——《汉书·枚乘传》

◆ **释义**

一铢一铢地称，称到一石一定会有差错；一寸一寸地量，到一丈就一定会有出入。用石和丈来称量，简洁又少有差错。

无名天地之始，有名万物之母。

引用于《陆九渊全集》卷二《与朱元晦》

◆ **原典**

无名天地之始，有名万物之母。

——《道德经》

◆ **释义**

“无”可以用来表述天地混沌未开之际的状况，而“有”则是宇宙万物产生之本原的命名。

乾以易知，
坤以简能。
易则易知，
简则易从。
易知则有亲，
易从则有功。
有亲则可久，
有功则可大。
可久则贤人之德，
可大则贤人之业。
易简而天下之理得矣。

引用于《陆九渊全集》卷一《与曾宅之》

◆ 原典

乾以易知，坤以简能。易则易知，简则易从。易知则有亲，易从则有功。有亲则可久，有功则可大。可久则贤人之德，可大则贤人之业。易简而天下之理得矣。天下之理得，而成位乎其中矣。

——《周易·系辞上》

◆ 释义

乾为天昭然运行于上而昼夜攸分，是容易让人了解的，坤为地浑然化为万物，是以简单明了的方法起作用。显而易见你就容易明白，简单明了你就容易遵从。容易明白才能产生亲近，容易遵从才能做出成绩。有亲近关系才能长久，有成绩事业才能越大。能够长久说明你拥有贤人一样的德行，能够做大说明你开创了贤人一样的事业。因为其平易和简单，天下的道理才被掌握。掌握天下的道理，那成功就在其中了。

理义之悦我心，犹刍豢之悦我口。

引用于《陆九渊全集》卷十一《与李宰》

◆ **原典**

孟子曰："圣人先得我心之所同然耳。故理义之悦我心，犹刍豢之悦我口。"

——《孟子·告子上》

◆ **释义**

孟子说："圣人先知先觉，比我早知内心有相同之处罢了。所以我的内心喜欢天理与正义，如同嘴巴喜欢吃牛、羊、猪、狗的肉一样。"

吾之不遇鲁侯，天也。臧氏之子焉能使予不遇哉？

引用于《陆九渊全集》卷二十《赠丁润父》

◆ **原典**

乐正子见孟子曰："克告于君，君为来见也。嬖人有臧仓者沮君，君是以不果来也。"曰："行，或使之；止，或尼之。行止，非人所能也。吾之不遇鲁侯，天也。臧氏之子焉能使予不遇哉？"

——《孟子·梁惠王下》

◆ **释义**

乐正子去见孟子，说："我跟鲁君说了您，鲁君刚要来看您，可是有一个受宠的小臣名叫臧仓的阻止了他，所以他没有来成。"孟子说："某人要干件事情，会有种力量推动他；要想不干，也有种力量阻止他。干与不干，不是单凭人力所能做到的。我不能和鲁侯见面，是由于天命。臧家那小子怎能使我和鲁侯见不上面呢？"

后之视今，
犹今之视昔。

引用于《陆九渊全集》卷九《与王谦仲》

◆ **原典**

后之视今，亦犹今之视昔。

——《兰亭集序》

◆ **释义**

后人看待今天的人和事，也和我们现在看待过去的人和事一样。

至当归一，
精义无二。

引用于《陆九渊全集》卷十二《与赵咏道》

◆ **原典**

公则一，私则万殊。至当归一，精义无二。人心不同如面，只是私心。

——《河南程氏遗书》

◆ **释义**

人有公心，则会将万物视为一个整体；人有私心，那么人就已经有了万种差别。最恰当的必归于一，精妙之义没有两样。人心的不同就像人的容貌一样（千差万别），这些差别都属于私心。

云从龙，风从虎。
水流湿，火就燥。

引用于《陆九渊全集》卷十四《与侄孙浚》

◆ **原典**

九五曰“飞龙在天，利见大人”，何谓也？子曰：“同声相应，同气相求。水流湿，火就燥；云从龙，风从虎。圣人作而万物睹。本乎天者亲上，本乎地者亲下，则各从其类也。”

——《周易·乾卦》

◆ **释义**

九五爻辞说“飞龙遨游在天空，有利于见到大人物”，是什么意思呢？孔子说：“声调相同就会互相应和，气息相同就会彼此寻求。水会流向低洼潮湿的地方，火会烧向干燥的地方；云随着龙吟而出（亲密往来是顺从有雄才大略的人），风跟虎啸而生（百姓是心向是听从威武勇猛的人）。圣人奋起治理国家，而万物明显可见。以天为根源的向上发展，以地为根源的向下扎根。这就是万物各依其类别相互聚合的自然法则。”

乐师辨乎声诗。
辨乎宗庙之礼。

引用于《陆九渊全集》卷十五《与陶赞仲》

◆ **原典**

乐师辨乎声诗，故北面而弦；宗祝辨乎宗庙之礼，故后尸；商祝辨乎丧礼，故后主人。

——《礼记·乐记》

◆ **释义**

乐师能够分辨声律歌诗，但在下位面朝北弹奏；宗祝熟习宗庙的礼仪，但行礼时跟在尸的后面；商祝熟习丧礼，却跟随在主人后面侍候。

擅杀生之柄，
通壅塞之涂，
权轻重之数，
论得失之迹，
使远近情伪毕
见于上，谓之术。

引用于《陆九渊全集》卷三十《“智者术之原”论》

◆ 原典

臣闻之，仁者爱也，义者宜也，礼者所履也，智者术之原也。致利除害，兼爱无私，谓之仁；明是非，立可否，谓之义；进退有度，尊卑有分，谓之礼；擅杀生之柄，通壅塞之涂，权轻重之数，论得失之道，使远近情伪必见于上，谓之术。

——《汉书·传·公孙弘卜式儿宽传》

◆ 释义

我听说，仁就是爱，义就是适于时宜，礼就是履行礼仪的精神，智慧则是治术的本源。兴利除害，不论亲疏而爱天下之人，称为仁。明辨是非，明断可否，称为义。进退有分寸，尊卑有所区别，称为礼。独揽生杀之权，开通堵塞之路，权衡轻重缓急，探讨得失之道，使周围及远方的真实、伪诈之事都暴露出来，称为术。

眇乎小哉！
以属诸人；
謷乎大哉，
独游于天。

引用于《陆九渊全集》卷三十四《语录上》

◆ 原典

眇乎小哉，所以属于人也；謷乎大哉，独成其天。

——《庄子》

◆ 释义

渺小呀，跟人同类的东西！伟大呀，只有浑同于自然。

君子之道孰先传。

引用于《陆九渊全集》卷三十四《语录上》

◆ 原典

子游曰：“子夏之门人小子，当洒扫、应对、进退，则可矣。抑末也，本之则无。如之何？”子夏闻之曰：“噫！言游过矣！君子之道孰先传焉？孰后倦焉？譬诸草木，区以别矣。君子之道，焉可诬也？有始有卒者，其唯圣人乎！”

——《论语·子张》

◆ 释义

了游说：“了夏门下的弟了，叫他们去打扫卫生，接待客人，应对进退，是可以的，不过这只是末节。至于礼乐根本，他们就不明白了。这怎么能行呢？”子夏听到后说：“呀！这话子游说过分了！君子传道的程序哪些先传授？哪些再深入教授呢？讲课内容就如草木，是有各种类别的。君子传道的程序怎么能任意歪曲呢？能做到有始有终的，大概只有圣人吧！”

轲死，不得其传。荀与杨择焉而不精，语焉而不详。

引用于《陆九渊全集》卷三十四《语录上》

◆ **原典**

曰："斯道也，何道也？"曰："斯吾所谓道也，非向所谓老与佛之道也。尧以是传之舜，舜以是传之禹，禹以是传之汤，汤以是传之文、武、周公，传之孔子，孔子传之孟轲，轲之死，不得其传焉。荀与杨也，择焉而不精，语焉而不详。由周公而上，上而为君，故其事行。由周公而下，下而为臣，故其说长。然则如之何而可也？曰：不塞不流，不止不行。人其人，火其书，庐其居。明先王之道以道之，鳏寡孤独废疾者有养也。其亦庶乎其可也！"

——韩愈《原道》

◆ **释义**

有人问："你这个道，是什么道呀？"我说："这是我所说的道，不是以前所说的道家和佛家的道。这个道是从尧传给舜，舜传给禹，禹传给汤，汤传给文王、武王、周公，传给孔子，孔子传给孟轲，孟轲死后，没有继承的人。只有荀卿和杨雄从中选取过一些，但选得不精；论述过一些，但并不全面。从周公以上，继承的人都是在上做君王的，所以儒道能够实行；从周公以下，继承的都是在下做臣子的，所以他们的学说能够流传。那么，怎么办才能使儒道获得实行呢？我以为：不堵塞佛老之道，儒道就不得流传；不禁止佛老之道，儒道就不能推行。必须把和尚、道士还俗为民，烧掉佛经道书，把佛寺、道观变成平民住宅。发扬先王之道作为治理天下的标准，使鳏寡孤独、残疾以及长年患病的人得到照顾，这样做大约也就可以了！”

昔者，圣人之
作《易》也。
将以顺性命之理。
是以立天之道，
曰阴与阳；
立地之道，
曰柔与刚；
立人之道，
曰仁与义。

引用于《陆九渊全集》卷二《与朱元晦》

◆ **原典**

昔者，圣人之作《易》也，将以顺性命之理。是以立天之道，曰阴与阳；立地之道，曰柔与刚；立人之道，曰仁与义。

——《周易·说卦》

◆ **释义**

从前圣人创作《周易》，是将用以和顺于性命的道理，所以立天的道理分为阴与阳，立地的道理分为柔和刚；立于人世间的道理分为仁和义。

川竭而谷虚，
丘夷而渊实。

引用于《陆九渊全集》卷三十《刘晏知取予论》

◆ 原典

夫川竭而谷虚，丘夷而渊实。

——《庄子·胠箧》

◆ 释义

河川干涸了，没有流水带来泥沙淤积山谷，山谷就会空而无物；山丘（土壤）因长期流失，山丘（土壤）被移走，可把深渊填满。

一生二，二生三，三生万物。

引用于《陆九渊全集》卷二十一《三五以变错综其数》

◆ **原典**

道生一，一生二，二生三，三生万物。

——《道德经》

◆ **释义**

事物的本质是由自然规律决定的（道生一），它包含了很多阴阳对立的内在属性（一生二），这些属性不断运化呈现出众多不同的表现状态（二生三），从而形成了事物个体的多样性（三生万物）。

第三章　见贤篇

见贤思齐焉，见不贤而内自省也。

引用于《陆九渊全集》卷十四《与侄孙浚》

◆ **原典**

子曰："见贤思齐焉，见不贤而内自省也。"

——《论语·里仁》

◆ **释义**

孔子说："看到那些德才兼备、温文尔雅、具有高尚品德素质的人，就要向他们学习；看到那些道德品质败坏的人，就要内心反省自身是否也有他一样的毛病。"

闻一善言，
见一善行，
若决江河，
沛然莫之能御。

引用于《陆九渊全集》卷二《与朱元晦》

◆ **原典**

孟子曰："舜之居深山之中，与木石居，与鹿豕游，其所以异于深山之野人者几希。及其闻一善言，见一善行，若决江河，沛然莫之能御也。"

——《孟子·尽心上》

◆ **释义**

孟子说："舜住在深山中的时候，与木、石为伴，与鹿、猪往来，跟深山中的野人差别极少。等到他听到一句好话，见到一件好事，从中获得的力量就像决了口的江河，汹涌澎湃没有人能够阻挡得了。"

庶几夙夜，以永终誉。

引用于《陆九渊全集》卷十一《与吴子嗣》

◆ **原典**

在彼无恶，在此无斁。庶几夙夜，以永终誉。

——《诗经·周颂·振鹭》

◆ **释义**

他那里没人讨厌，在这里受人赞扬。日日夜夜谨慎勤勉，始终保持着美好的声誉。

圣人以此洗心，
退藏于密，
吉凶与民同患。
神以知来，
知以藏往。

引用于《陆九渊全集》卷二十九《程文》

◆ 原典

圣人以此洗心，退藏于密，吉凶与民同患。神以知来，知以藏往，其孰能与于此哉！古之聪明睿知、神武而不杀者夫！

——《周易·系辞上》

◆ 释义

圣人用它来洗涤心灵，退藏在隐秘之处，吉凶与人民相共。神奇而能预知未来，睿智而能包藏过去，谁能做到这样呢？只有古代那些聪明睿智、武功至上而又不依靠杀伐的人啊！

洊雷，震；
君子以恐惧修省。

引用于《陆九渊全集》卷二十三《大学春秋讲义》

◆ **原典**

洊雷，震；君子以恐惧修省。

——《周易·震卦》

◆ **释义**

雷相重叠的表象，好像震动的雷声；君子应悟知恐惧警惕，修养自身，反省过错。

摩顶放踵利天下，为之。

引用于《陆九渊全集》卷四《与刘淳叟》

◆ **原典**

墨子兼爱，摩顶放踵利天下，为之。

——《孟子·尽心上》

◆ **释义**

墨子主张兼爱，即使从头顶到脚跟都擦伤了，只要对天下人有利，也心甘情愿地去做。

君子以遏恶扬善，顺天休命。

引用于《陆九渊全集》卷九《与杨守》

◆ **原典**

火在天上，大有。君子以遏恶扬善，顺天休命。

——《周易·大有卦》

◆ **释义**

太阳高悬于天上普照万物，农业大有收获。君子要阻止罪恶、传布善美，顺应上天的美意。

诚者，不思而得，不勉而中，从容中道，圣人也。

引用于《陆九渊全集》卷六《与傅圣谟》

◆ **原典**

诚者，天之道也；诚之者，人之道也。诚者，不勉而中，不思而得，从容中道，圣人也。诚之者，择善而固执之者也。

——《中庸》

◆ **释义**

真诚，是上天赋予的品德，追求真诚，是做人的原则。天生真诚的人，不用勉强就能做到诚，不用思考就能拥有诚，自然而然地符合上天的原则，这样的人是圣人。努力做到真诚，就是要选择美好的目标并且执著追求。

言语必信，非以正行也。

引用于《陆九渊全集》卷二十一《孟子说》

◆ 原典

孟子曰：“尧舜，性者也；汤武，反之也。动容周旋中礼者，盛德之至也。哭死而哀，非为生者也。经德不回，非以干禄也。言语必信，非以正行也。君子行法，以俟命而已矣。”

——《孟子·尽心下》

◆ 释义

孟子说：“尧、舜的美德是出于本性，汤、武则是通过修身而将美德加之于己身的。一举一动一颦一蹙无不合于礼的，是美德中达到了顶点的。为死者而哭的悲哀，不是做给生者看的。贯彻道德，远离邪恶，不是为了谋求一官半职。言语一定要信实，不是为了让人知道我行为端正。君子依法度而行，只是等待天命罢了。”

周公思兼三王，
以施四事；
其有不合者，
仰而思之，
夜以继日；
幸而得之，
坐以待旦。

引用于《陆九渊全集》卷二《与王顺伯》

◆ 原典

周公思兼三王，以施四事；其有不合者，仰而思之，夜以继日；幸而得之，坐以待旦。

——《孟子·离娄下》

◆ 释义

周公想要兼学夏、商、周三代的君王，来继承禹、汤、文王、武王的事业；有不合于当时情况的，便抬着头思考，白天没想好，夜里接着想；要是想到了解决问题的办法，便会坐等天亮（急于付诸实施）。

正己而物正。

引用于《陆九渊全集》卷二十九《“庸言之信……”》

◆ 原典

孟子曰：“有大人者，正己而物正者也。”

——《孟子·尽心上》

◆ 释义

孟子说：“有伟大的人，端正自己，天下万物便随之端正。”

胥训告，
胥保惠，
胥教诲。

引用于《陆九渊全集》卷十一《与吴子嗣》

◆ **原典**

古之人犹胥训告，胥保惠，胥教诲，民无或胥诪张为幻。

——《尚书·周书·无逸》

◆ **释义**

古时的人还能互相劝导，互相保护，互相友爱，互相教诲，民众中没有互相欺骗、互相诈惑的。

我未见好仁者、恶不仁者。

引用于《陆九渊全集》卷十四《与侄孙浚》

◆ 原典

子曰："我未见好仁者、恶不仁者。好仁者，无以尚之；恶不仁者，其为仁矣，不使不仁者加乎其身。"

——《论语·里仁》

◆ 释义

孔子说："我没有见过爱好仁德的人、厌恶不仁的人。爱好仁德的人，他的仁德已经达到了极限，不能再增加什么；厌恶不仁的人，在实行仁德的时候，不让不仁德的人影响自己。"

有不善未尝不知，知之未尝复行。

引用于《陆九渊全集》卷六《与傅全美》

◆ **原典**

子曰：“颜氏之子，其殆庶几乎！有不善未尝不知，知之未尝复行也。”

——《周易·系辞下》

◆ **释义**

孔子说：“颜回这个人或许知晓众多隐秘吧。存在不好的事情他没有不知道的，知道是不好的事情没有再去做的。”

匹夫匹妇有不与被尧舜之泽者，若己推而纳之沟中。

引用于《陆九渊全集》卷三十一《问德仁功利》

◆ **原典**

孟子曰："思天下之民匹夫匹妇有不与被尧舜之泽者，若己推而内之沟中，其自任以天下之重也。"

——《孟子·万章下》

◆ **释义**

孟子说："想想天下百姓中的普通男人和普通妇女没有被尧舜之道的雨露所沾溉的人，便好像是自己将这人推进山沟里。他就是这样把匡扶天下的重任一肩挑上。"

疾没世而名不称。

引用于《陆九渊全集》卷十一《与吴子嗣》

◆ **原典**

子曰："君子疾没世而名不称焉。"

——《论语·卫灵公》

◆ **释义**

孔子说："君子遗恨的是到死而名声也没被人称颂。"

宽裕温柔，
足以有容也；
发强刚毅，
足以有执也；
齐庄中正，
足以有敬也；
文理密察，
足以有别也。

引用于《陆九渊全集》卷一《与邵叔谊》

◆ 原典

唯天下至圣，为能聪明睿知，足以有临也；宽裕温柔，足以有容也；发强刚毅，足以有执也；齐庄中正，足以有敬也；文理密察，足以有别也。

——《中庸》

◆ 释义

只有天下崇高的圣人，才有聪明智慧，足以圣临天下；宽宏大量，温和柔顺，足以包容别人；奋发勇健，刚强坚毅，足以推行大道于天下。统一、庄重、无私、正直，足以受人尊敬；文章条理周密、清晰，足以辨别是非。

大人者，
与天地合其德，
与日月合其明，
与四时合其序，
与鬼神合其吉凶。

引用于《陆九渊全集》卷三十五《语录下》

◆ **原典**

夫大人者，与天地合其德，与日月合其明，与四时合其序，与鬼神合其吉凶。先天而天弗违，后天而奉天时。天且弗违，而况于人乎？况于鬼神乎？

——《周易·乾卦》

◆ **释义**

对于伟大的人来说，合乎天地的意志，有日月的光彩，顺应四季的秩序，顺应鬼神的吉凶。在天意之前行事，天意不逆反他；在天意之后行事，就顺应天理。天都不逆他，更何况人呢？何况鬼神呢？

巍巍乎有天下而不与焉。

引用于《陆九渊全集》卷一《与赵监》

◆ **原典**

子曰：“巍巍乎，舜、禹之有天下也，而不与焉。

——《论语·泰伯》

◆ **释义**

孔子说：“多么崇高啊！舜、禹拥有天下，却不贪图个人享受。”

江汉以濯之，秋阳以暴之。

引用于《陆九渊全集》卷一《与邵叔谊》

◆ **原典**

他日，子夏、子张、子游以有若似圣人，欲以所事孔子事之，强曾子。曾子曰：“不可。江汉以濯之，秋阳以暴之，皜皜乎不可尚已。”

——《孟子 · 滕文公上》

◆ **释义**

有一天，子夏、子张、子游认为有若有点像孔子，便想用尊敬孔子的礼节来尊敬他，他们希望曾子也同意。曾子说：“不可以。就像曾经用江汉的水清洗过，又在夏天（周历秋为夏历盛夏）的太阳下暴晒过的东西，洁白无瑕。我们的老师是没有谁还能比得上。

赞天地之化育。

引用于《陆九渊全集》卷三十《“天地之性人为贵”论》

◆ 原典

唯天下至诚为能尽其性；能尽其性，则能尽人之性；能尽人之性，则能尽物之性；能尽物之性，则可以赞天地之化育；可以赞天地之化育，则可以与天地参矣。

——《中庸》

◆ 释义

只有天下至诚的圣人才能尽量发挥自己天赋的本性；能尽量发挥自己天赋的本性，就能尽量发挥天下人的本性；能尽量发挥天下人的本性，就能尽量发挥万物的本性；能尽量发挥万物的本性，就能帮助天地养育万物；能帮助天地养育万物，就可以与天地并立为三了。

溥博渊泉，
而时出之。

引用于《陆九渊全集》卷三十四《语录上》

◆ **原典**

溥博渊泉，而时出之。溥博如天，渊泉如渊。见而民莫不敬，言而民莫不信，行而民莫不说。

——《中庸》

◆ **释义**

圣人道德广博深沉，随时表现于外。广阔得如同天空，深沉得如同潭水。圣明伟大的人，他的美德广博而深厚，并常常会表露出来。他的美德就像天空一样广阔，像潭水一样幽深。他出现在民众面前，人们没有不敬重的；他说的话，人们没有不相信的；他的行为，人们没有不喜悦的。

事父孝，
故事天明；
事母孝，
故事地察。

引用于《陆九渊全集》卷三十《“天地之性人为贵”论》

◆ **原典**

子曰：“昔者明王事父孝，故事天明；事母孝，故事地察；长幼顺，故上下治。”

——《孝经》

◆ **释义**

孔子说：“古时候圣明之君，侍奉父亲能尽孝道，所以侍奉上天就能开发自己本性里的光明；侍奉母亲能尽孝道，所以对于万事万物观察得清清楚楚；侍奉诸父、诸兄能尽长幼之道，所以上上下下都安定太平。”

惟天为大，惟尧则之。

引用于《陆九渊全集》卷十二《与赵咏道》

◆ 原典

孔子曰："大哉！尧之为君也。惟天为大，惟尧则之。荡荡乎，民无能名焉。"

——《孟子·滕文公上》

◆ 释义

孔子说："真伟大啊！尧这样的君主。只有天最高大，只有尧才能效法天的高大。（他的恩德）多么广大啊，百姓们真不知道该用什么语言来表达对它的称赞。"

忠信，所以进德也。

引用于《陆九渊全集》卷三十二《拾遗·“主忠信”》

◆ 原典

子曰：“君子进德修业，忠信，所以进德也；修辞立其诚，所以居业也。”

——《周易·乾卦》

◆ 释义

孔子说：“君子进德修业，讲求忠信，是为了增进品德；修饰言辞应以诚信为本，是为了立业。”

子不语怪、力、乱、神。

引用于《陆九渊全集》卷三十四《语录上》

◆ **原典**

子不语怪、力、乱、神。

——《论语·述而》

◆ **释义**

孔子不谈论怪异、暴力、叛乱、鬼神。

久幽而不改其操。

引用于《陆九渊全集》卷三十四《语录上》

◆ **原典**

楚两龚之洁，其清矣乎！蜀严湛冥，不作苟见，不治苟得，久幽而不改其操，虽随、和何以加诸？举兹以旃，不亦宝乎！

——《汉书·郑子真、严君平传》

◆ **释义**

楚地两个姓龚的人白洁其身，有清明之名！蜀郡严君平深沉无欲，不做苟合取悦别人的事，不操苟且求利的职业，长久幽居而不改变自己的节操，即使是隋侯之珠、和氏之璧，又怎能与他相比呢？推荐此人并任用他，不也是国家的宝贝吗？

去故与智。

引用于《陆九渊全集》卷三十四《语录上》

◆ 原典

人之可杀，以其恶死也；其可不利，以其好利也。是以君子不休乎好，不迫乎恶，恬愉无为，去智与故。

——《管子·心术上》

◆ 释义

人可以用杀戮来镇压，这是因为他们怕死；可以用不利之事来阻止，这是因为他们贪利。所以君子不被爱好之事所诱惑，不被厌恶之事所胁迫，心境清静愉快，无所营求，去除了智谋与巧诈。

殷有三仁。

引用于《陆九渊全集》卷三十五《语录下》

◆ 原典

微子去之，箕子为之奴，比干谏而死。孔子曰：“殷有三仁焉。”

——《论语·微子》

◆ 释义

微子离开了纣王，箕子装疯做了他的奴隶，比干竭力劝谏纣王被剖心而死。孔子说：“殷朝有这三位仁人啊！”

其子弟从之，则孝悌忠信。

引用于《陆九渊全集》卷四《与王德修》

◆ **原典**

孟子曰：“君子居是国也，其君用之，则安富尊荣；其子弟从之，则孝悌忠信。‘不素餐兮’，孰大于是?”

——《孟子·尽心上》

◆ **释义**

孟子说：“君子居住在一个国家，君王用他，就会平安、富足、尊贵而有名誉；少年子弟信从他，就会孝父母、敬兄长、忠心而且信实。你说‘不白吃饭哪’，（我请问）贡献还有比这更大的吗?”

不自满假。

引用于《陆九渊全集》卷四《与诸葛诚之》

◆ **原典**

帝曰："来，禹！降水儆予，成允成功，惟汝贤。克勤于邦，克俭于家，不自满假，惟汝贤。汝惟不矜，天下莫与汝争能。汝惟不伐，天下莫与汝争功。"

——《尚书·虞书·大禹谟》

◆ **释义**

帝舜说："来，禹！洪水警诫我们的时候，实现政教的信诺，完成治水的工作，只有你贤；能勤劳于国，能节俭于家，不自满自大，只有你贤。你不自以为贤，所以天下没有人与你争能；你不夸功，所以天下没有人与你争功。"

瞻之在前，
忽焉在后。

引用于《陆九渊全集》卷五《与吕子约》

◆ **原典**

颜渊喟然叹曰：“仰之弥高，钻之弥坚，瞻之在前，忽焉在后。夫子循循然善诱人，博我以文，约我以礼，欲罢不能，既竭吾才，如有所立卓尔。虽欲从之，末由也已。

——《论语·子罕》

◆ **释义**

颜渊感叹地说：“对于老师的学问与道德，我抬头仰望，越望越觉得高；我努力钻研，越钻研越觉得不可穷尽。看着它好像在前面，忽然又像在后面。老师善于一步一步地诱导我，用各种典籍来丰富我的知识，又用各种礼节来约束我的言行，使我想停止学习都不可能，直到我用尽了我的全力。好像有一个十分高大的东西立在我前面，虽然我想要追随上去，却没有前进的路径了。”

第四章　修身篇

先行。

引用于《陆九渊全集》卷一《与曾宅之》

◆ **原典**

子贡问君子，子曰："先行其言而后从之。"

——《论语·为政》

◆ **释义**

子贡问怎样才能做一个君子。孔子说："先实行你想说的话，然后根据做到了的再说出来。"

知止而后有定，
定而后能静，
静而后能安，
安而后能虑，
虑而后能得。

引用于《陆九渊全集》卷一《与邓文范》

◆ **原典**

知止而后有定，定而后能静，静而后能安，安而后能虑，虑而后能得。

——《大学》

◆ **释义**

知道停下来然后才能安定，安定然后才能冷静，冷静然后才能安心，安心然后才能思考，思考然后才能有所收获。

修己以敬。

引用于《陆九渊全集》卷一《与曾宅之》

◆ 原典

子路问君子。子曰："修己以敬。"曰："如斯而已乎？"曰："修己以安人。"曰："如斯而已乎？"曰："修己以安百姓。修己以安百姓，尧舜其犹病诸？"

——《论语·宪问》

◆ 释义

子路问什么叫君子。孔子说："修养自己，保持严肃恭敬的态度。"子路说："这样就够了吗？"孔子说："修养自己，使周围的人们安乐。"子路说："这样就够了吗？"孔子说："修养自己，使所有百姓都安乐。修养自己使所有百姓都安乐，就是尧舜这么道德高尚、修养极高的圣人都担心很难做到这样。"

虽日用三牲之养，犹为不孝也。

引用于《陆九渊全集》卷十五《与孙季和》

◆ **原典**

子曰："事亲者，居上不骄，为下不乱，在丑不争。居上而骄，则亡。为下而乱，则刑。在丑而争，则兵。三者不除，虽日用三牲之养，犹为不孝也。"

——《孝经·纪孝行章》

◆ **释义**

孔子说："侍奉父母双亲，要身居高位而不骄傲蛮横，身居下层而不为非作歹，在民众中间和顺相处、不与人争斗。身居高位而骄傲自大者势必要遭致灭亡，在下层而为非作乱者免不了遭受刑法，在民众中争斗则会引起相互残杀。这骄、乱、争三项恶事不戒除，即便对父母天天用牛羊猪三牲的肉食奉养，也还是不孝之人啊。"

中也者，和也，
中节也，
天下之达道也，
圣人之事也。
故圣人立教，
俾人自易其恶，
自至其中而止矣。

引用于《陆九渊全集》卷二《与朱元晦》

◆ 原典

濂溪先生曰：刚善，为义，为直，为断，为严毅，为干固；恶，为猛，为隘，为强梁。柔善，为慈，为顺，为巽。恶，为懦弱，为无断，为邪佞。惟中也者，和也，中节也，天下之达道也，圣人之事也。故圣人立教，俾人自易其恶，自至其中而止矣。

——周敦颐《通书·师》

◆ 释义

周敦颐先生说：刚之性表现为善，是正义，是刚直，是果断，是坚毅，是干练贞固；表现为恶，是猛悍，是狭窄，是强梁。柔之性表现为善，是仁慈，是和顺，是谦让；表现为恶，是软弱，是无断，是邪佞。中的意思，是和，是适度，它是通行天下的大道，是圣人才能做得到的。所以圣人设教，是要使人自动抛弃刚柔之恶，自动达到中和并保持于中和。

有所恐惧，则不得其正。

引用于《陆九渊全集》卷四《与诸葛诚之》

◆ **原典**

所谓修身在正其心者，身有所忿懥，则不得其正；有所恐惧，则不得其正；有所好乐，则不得其正；有所忧患，则不得其正。心不在焉，视而不见，听而不闻，食而不知其味。此谓修身在正其心。

——《大学》

◆ **释义**

之所以说修养自身的品性要先端正自己的心思，是因为心有愤怒就不能够端正，心有恐惧就不能够端正，心有喜好就不能够端正，心有忧虑就不能够端正。心思不端正就像心不在自己身上一样：虽然在看，却跟没看见一样；虽然在听，却跟没听见一样；虽然在吃，却品尝不出滋味。所以说，要修养自身的品性必须要先端正自己的心思。

伯夷、叔齐饿死于首阳之下，民到于今称之。齐景公有马千驷，死之日，民无德而称焉。

引用于《陆九渊全集》卷三十六《年谱·论传道》

◆ **原典**

齐景公有马千驷，死之日，民无德而称焉。伯夷、叔齐饿于首阳之下，民到于今称之。

——《论语·季氏》

◆ **释义**

齐景公有四千匹马，他死的时候，百姓找不到他有什么德行值得称颂的。伯夷和叔齐饿死在首阳山下，百姓到现在还在称颂他们。

为冠以庄其首，
为履以重其足。

引用于《陆九渊全集》卷二十九《“庸言之信……”》

◆ **原典**

为冠所以庄其首也，为履所以重其足也；衣裳襜如，剑佩锵如，皆所以防其躁也。故曰俨然，人望而畏之。

——《中说·周公篇》

◆ **释义**

戴帽子是为了让头部庄重，穿鞋子是为了让脚庄重；着衣佩剑，都是为了防止自己浮躁。所以说庄重，人们见到便敬畏他。

里仁为美。

引用于《陆九渊全集》卷三十二《“里仁为美”》

◆ 原典

子曰：“里仁为美。择不处仁，焉得知？”

——《论语·里仁》

◆ 释义

孔子说：“居住的地方有仁德之风才好。选择住处，不居住在有仁德之风的地方，怎么能说是明智呢？”

女为君子儒，
无为小人儒。

引用于《陆九渊全集》卷十《与董元锡》

◆ **原典**

子谓子夏曰："女为君子儒，无为小人儒。"

——《论语·雍也》

◆ **释义**

孔子对子夏说："你要做高尚的知识分子，不要做卑鄙的知识分子。"

比屋可封。

引用于《陆九渊全集》卷十四《与侄孙浚》

◆ **原典**

周人比屋可封。

——《尚书大传·卷五·略说》

◆ **释义**

周朝的人家家户户都有可受封爵的德行。

用之则行，
舍之则藏，
惟我与尔有是。

引用于《陆九渊全集》卷三十四《语录上》

◆ **原典**

子谓颜渊曰："用之则行，舍之则藏，惟我与尔有是夫！"

——《论语·述而》

◆ **释义**

孔子对颜渊说："被任用就施展抱负，不被任用就洁身自好，只有我和你才能这样吧！"

如恶恶臭，如好好色。

引用于《陆九渊全集》卷三十四《语录上》

◆ **原典**

所谓诚其意者，毋自欺也，如恶恶臭，如好好色，此之谓自谦。故君子必慎其独也。

——《大学》

◆ **释义**

所谓使自己的意念诚实，就是不要自己欺骗自己，如同厌恶非常难闻的气味那样，如同喜爱美女那样，这就叫心安理得。所以君子一定要在独处的时候保持谨慎的态度。

言出乎身，加乎民；行发乎迩，见乎远。

引用于《陆九渊全集》卷二十九《“庸言之信……”》

◆ **原典**

言出乎身，加乎民；行发乎迩，见乎远。言行，君子之枢机。枢机之发，荣辱之主也。言行，君子之所以动天地也，可不慎乎！

——《周易·系辞上》

◆ **释义**

语言是出自于人的自身，从中受益的是民众；行为发生在近处，看见的人可能来自远方。语言与行动，是君子处世的关键，关键的表现，是决定人荣耀还是耻辱的根本。语言与行动，是君子所能惊动天下的，能不谨慎吗？

正吉悔亡，未感害也。

引用于《陆九渊全集》卷二十九《“圣人以此洗心……”》

◆ 原典

象曰：贞吉悔亡，未感害也。憧憧往来，未光大也。

——《周易·咸卦》

◆ 释义

象辞说：坚守正道则吉祥可以消除悔恨，因而这种感应便无损害。彷徨失措心神不宁，是因内心不光明正大。

君子之所不可及者，
其唯人之所不见乎。

引用于《陆九渊全集》卷二十《赠陈晋卿》

◆ **原典**

君子之所不可及者，其唯人之所不见乎。

——《中庸》

◆ **释义**

君子的德行之所以让人比不上，正是在这种别人看不见的地方（也严格要求自己）。

人而无信，不知其可也。

引用于《陆九渊全集》卷二十一《杂著·易数（又）》

◆ **原典**

子曰："人而无信，不知其可也。大车无輗，小车无軏，其何以行之哉？"

——《论语·为政》

◆ **释义**

一个人如果不讲信义，不知他怎么做人？就像牛车、马车没有木销子，还怎么行走呢？

诚者，
非自成己而已也，
所以成物也。
成己，仁也；
成物，智也。
性之德也，
合内外之道也。

引用于《陆九渊全集》卷十《与刘志甫》

◆ **原典**

诚者，非自成己而已也，所以成物也。成己，仁也；成物，知也。性之德也，合外内之道也。故时措之宜也。

——《中庸》

◆ **释义**

真诚并不是自我完善就够了，而是还要完善事物。自我完善是仁，完善事物是智。仁和智是出于本性的德行，是融合自身与外物的准则。所以任何时候施行都是适宜的。

德成而上，
艺成而下；
行成而先，
事成而后。

引用于《陆九渊全集》卷十五《与陶赞仲》

◆ **原典**

德成而上，艺成而下；行成而先，事成而后。是故先王有上有下，有先有后，然后可以有制于天下也。

——《礼记·乐记》

◆ **释义**

成就道德的居上位，只学会技艺的在下位；将道德体现在行为上的在先，仅靠技艺完成事情的在后。因此，先王明白了上下先后的道理，然后才可能为天下创制礼乐。

君子无终食之间违仁，造次必于是，颠沛必于是。

引用于《陆九渊全集》卷二十三《大学春秋讲义》

◆ **原典**

子曰："君子去仁，恶乎成名？君子无终食之间违仁，造次必于是，颠沛必于是。"

——《论语·里仁》

◆ **释义**

孔子说："君子如果离开了仁德，又怎么能叫君子呢？君子没有一顿饭的时间背离仁德的，就是在最紧迫的时刻也必须按照仁德办事，就是在困顿挫折的时候，也一定会按仁德去办事的。"

今有无名之指屈而不信，非疾痛害事也，如有能信之者，则不远秦、楚之路，为指之不若人也。指不若人，则知恶之；心不若人，则不知恶，此之谓不知类也。

引用于《陆九渊全集》卷十五《与孙季和》

◆ 原典

孟子曰：“今有无名之指屈而不信，非疾痛害事也，如有能信之者，则不远秦、楚之路，为指之不若人也。指不若人，则知恶之；心不若人，则不知恶，此之谓不知类也。”

——《孟子·告子上》

◆ 释义

孟子说：“如果现在有个人无名指弯曲了不能伸直，（虽然）既不疼痛又不妨碍做事，但如果有人能使它伸直，那么即使赶到秦国、楚国去（医治），也不会嫌路远，为的是手指不如别人。手指不如别人就讨厌它，心灵不如别人却不知道讨厌它，这就是不知轻重主次和根本实质。”

苟志于仁矣，
无恶也。

引用于《陆九渊全集》卷二十一《论语说》

◆ **原典**

子曰："苟志于仁矣，无恶也。"

——《论语·里仁》

◆ **释义**

孔子说："如果立志于仁，就不会做坏事了。"

尚志。

引用于《陆九渊全集》卷二十一《论语说》

◆ **原典**

王子垫问曰："士何事？"孟子曰："尚志。"

——《孟子·尽心上》

◆ **释义**

王子垫问道："士人应该做什么事？"孟子回答说："使自己的志向高尚。"

好而知其恶，
恶而知其美者，
天下鲜矣。
故谚有之曰：
『人莫知其子之恶，
莫知其苗之硕。』

引用于《陆九渊全集》卷二十八《陆修职墓表》

◆ 原典

人之其所亲爱而辟焉，之其所贱恶而辟焉，之其所畏敬而辟焉，之其所哀矜而辟焉，之其敖惰而辟焉。故好而知其恶，恶而知其美者，天下鲜矣！故谚有之曰："人莫知其子之恶，莫知其苗之硕。"

——《大学》

◆ 释义

人们往往对于自己亲爱的人会有所偏爱；对于自己厌恶的人会有偏厌；对于自己敬畏的人会有偏敬；对于自己同情的人会有偏护；对于自己轻视的人会有偏轻。因此，喜欢一个人而能看到他的不足，讨厌一个人而能看到他的优点，这样的人天下少有。谚语说："人啊，不知道自己孩子的缺点，不满足于自己的庄稼长得硕大。"

巢、许逊天下，
而市道小人
争半钱之利。
此莫相去
何啻九牛毛哉？

引用于《陆九渊全集》卷二十四《策问》

◆ **原典**

或问谭曰：“谚言‘人之相去如九牛毛’，宁有此理乎？”谭对曰：“昔者许由、巢父，让天子之贵；市道小人，争半钱之利。此之相去，何啻九牛毛也。”

——《晋书·华谭传》

◆ **释义**

有人问华谭说：“谚语说‘人与人的差别多如九牛之毛’。真有这个道理吗？”华谭说：“古代许由和巢父连高贵的王位都不要，可是城市中庸俗鄙陋之人却为半钱之利发生争执，这两种人之间的差别悬殊何止九牛身上所有的毛与一根毛的差别啊！”

居仁由义，大人之事备矣。

引用于《陆九渊全集》卷十《与董元锡》

◆ 原典

孟子曰：“杀一无罪，非仁也；非其有而取之，非义也。居恶在？仁是也；路恶在？义是也。居仁由义，大人之事备矣。”

——《孟子·尽心上》

◆ 释义

孟子说：“杀一个无罪的人就是不仁，不是自己的东西却占为己有就是不义。一个人应该处在什么地位？应该站在仁中；应该走在什么道路上？应该走在义上。站在仁中，走在义上，便具备成为一个德高望重的人。”

有能一日用其力于仁矣乎？我未见力不足者。

引用于《陆九渊全集》卷四《与诸葛诚之》

◆ 原典

子曰：“有能一日用其力于仁矣乎？我未见力不足者。盖有之矣，我未之见也。”

——《论语·里仁》

◆ 释义

孔子说：“有能一整天把自己的力量用在实行仁德上的人吗？我还没有看见力量不够的。这种人可能还是有的，但我没见过。”

饭疏食，饮水，
曲肱而枕之，
乐亦在其中矣。

引用于《陆九渊全集》卷四《与诸葛诚之》

◆ **原典**

子曰："饭疏食，饮水，曲肱而枕之，乐亦在其中矣。不义而富且贵，于我如浮云。"

——《论语·述而》

◆ **释义**

孔子说："吃粗粮，喝冷水，弯起胳膊当枕头，这其中也有乐趣。而通过干不正当的事得来的富贵，对于我来说就像浮云一般。"

有言逆于汝心，
必求诸道。

引用于《陆九渊全集》卷二《与朱元晦》

◆ **原典**

“有言逆于汝心，必求诸道；有言逊于汝志，必求诸非道。”

——《尚书·商书·太甲下》

◆ **释义**

有些话不顺你的心，一定要考察它是否合乎道义；有些话很顺你的心，一定要考察它是否不合乎道义。

人皆可以为尧舜。

引用于《陆九渊全集》卷一《与邵叔谊》

◆ 原典

曹交问曰："人皆可以为尧舜，有诸?"孟子曰："然。"

——《孟子·告子下》

◆ 释义

曹交问道："人人都可以做尧舜那样的贤人，有这说法吗?"孟子说："有。"

尧舜与人同耳。

引用于《陆九渊全集》卷三十四《语录上》

◆ 原典

孟子曰："何以异于人哉？尧舜与人同耳。"

——《孟子·离娄下》

◆ 释义

孟子说："为什么和别人不同呢？尧和舜也跟普通人一样。"

舜何人也？予何人也？有为者亦若是。

引用于《陆九渊全集》卷六《与傅全美》

◆ **原典**

颜渊曰："舜何人也？予何人也？有为者亦若是。"

——《孟子·滕文公上》

◆ **释义**

颜渊说："舜是什么人？我是什么人？有作为的人也会像舜这样的人。"

涂之人可以为禹。

引用于《陆九渊全集》卷五《与舒西美》

◆ 原典

圣可积而致，途之人可以为禹。

——《荀子·性恶》

◆ 释义

圣贤的名望是可以通过仁爱的积累而形成，路上的行人也可以成为大禹那样的圣贤。

加我数年，
五十以学《易》，
可以无大过矣。

引用于《陆九渊全集》卷七《与詹子南》

◆ **原典**

子曰："加我数年，五十以学《易》，可以无大过矣。"

——《论语·述而》

◆ **释义**

孔子说："给我增加几年的寿命，让我在五十岁的时候去学习《周易》，就可以没有大的过错了。"

过而不改，是谓过矣。

引用于《陆九渊全集》卷十一《与吴子嗣》

◆ 原典

子曰："过而不改，是谓过矣。"

——《论语·卫灵公》

◆ 释义

孔夫子说："有了过错而不改正，这才叫过错啊。"

过而能改，
善莫大焉。

引用于《陆九渊全集》卷十一《与吴子嗣》

◆ **原典**

人谁无过？过而能改，善莫大焉。

——《左传·宣公·宣公二年》

◆ **释义**

人没有不犯错误的，只要能及时改正自己的错误，没有比这再好的事情了。

谁能出不由户？
何莫由斯道也。

引用于《陆九渊全集》卷三十六《年谱·论传道》

◆ **原典**

子曰："谁能出不由户？何莫由斯道也？"

——《论语·雍也》

◆ **释义**

孔子说："谁能够走出屋子而不经过房门呢？为什么没有人走这条必经的仁义之路呢？"

居移气，
养移体。

引用于《陆九渊全集》卷三十五《语录下》

◆ 原典

孟子自范之齐，望见齐王之子，喟然叹曰：“居移气，养移体。大哉居乎！夫非尽人之子与？”

——《孟子·尽心上》

◆ 释义

孟子从范县来到齐国，远远看见了齐王的儿子，他长叹一声说：“地位可以改变人的气质，奉养能够改变人的体质，可见地位是多么重要啊！他难道不同样是人的儿子吗？”

积善之家，必有余庆。

引用于《陆九渊全集》卷二十三《荆门军上元设厅讲义》

◆ 原典

积善之家，必有余庆；积不善之家，必有余殃。

——《周易·坤卦》

◆ 释义

修善的人家，必然有多的吉庆；作恶的人家，必多祸殃。

三月不违仁，
其余则日月至焉
而已矣。

引用于《陆九渊全集》卷十三《与郭邦逸》

◆ **原典**

子曰："回也，其心三月不违仁，其余，则日月至焉而已矣。"

——《论语·雍也》

◆ **释义**

孔子说："颜回呀，他的心可以长时间不违背仁德的原则，别人则只能在短时间内做到仁罢了。"

行有不慊于心，
则馁矣。

引用于《陆九渊全集》卷三十五《语录下》

◆ **原典**

是集义所生者，非义袭而取之也；行有不慊于心，则馁矣。

——《孟子·公孙丑上》

◆ **释义**

这种气是正义的日积月累所产生的，不是一时的正义行为就能得到的；行为有一点亏心之处，气就软弱无力了。

古之人修其天爵，
而人爵从之。
今之人修其天爵，
以要人爵；
既得人爵，
而弃其天爵，
则惑之甚者也。

引用于《陆九渊全集》卷十九《经德堂记》

◆ **原典**

孟子曰："有天爵者，有人爵者。仁义忠信，乐善不倦，此天爵也；公卿大夫，此人爵也。古之人修其天爵，而人爵从之。今之人修其天爵，以要人爵；既得人爵，而弃其天爵，则惑之甚者也，终亦必亡而已矣。"

——《孟子·告子上》

◆ **释义**

孟子说："有上天赐予的爵位，有俗世的爵位。仁义忠信、好善不疲，这是上天赐予的爵位；公卿大夫，这是俗世的爵位。古代的人修养上天赐予的爵位，俗世的爵位也就跟着来了。现在的人修养上天赐予的爵位其目的是追求俗世的爵位；一旦得到俗世的爵位，便丢弃上天赐予的爵位，真是糊涂得厉害啊，到头来连俗世的爵位也会丢失掉啊。"

有诸己而后求诸人，无诸己而后非诸人，所藏乎身不恕，而能喻诸人者，未之有也。

引用于《陆九渊全集》卷二十九《程文·“庸言之信……”》

◆ 原典

有诸己而后求诸人，无诸己而后非诸人，所藏乎身不恕，而能喻诸人者，未之有也。

——《大学》

◆ 释义

君子自己有善行，而后要求别人有善行，自己无恶行，而后责备别人的恶行。自己身上存在不宽恕人的缺点而能够教导别人宽恕人的人，是不会有的。

君子所贵乎道者三。

引用于《陆九渊全集》卷三十五《语录下》

◆ 原典

君子所贵乎道者三："动容貌，斯远暴慢矣；正颜色，斯近信矣；出辞气，斯远鄙倍矣。"

——《论语·泰伯》

◆ 释义

君子所应当重视的道有三个方面："使自己的容貌庄重严肃，这样可以避免粗暴、放肆；使自己的脸色一本正经，这样就接近于诚信；使自己说话的言辞和语气谨慎小心，这样就可以避免粗野和悖理。"

仁以为己任。

引用于《陆九渊全集》卷十《与邵叔谊》

◆ 原典

曾子曰："士不可以不弘毅，任重而道远。仁以为己任，不亦重乎？死而后已，不亦远乎？"

——《论语·泰伯》

◆ 释义

曾子说："有抱负的人不可以不胸怀宽广，意志坚定，因为他肩负着重大使命，路途又很遥远。把实现仁的理想看作自己的使命，不也很重大吗？直到死才停止，这不也是很漫长吗？"

瑕不掩瑜，瑜不掩瑕，忠也。

引用于《陆九渊全集》卷二十《朱氏更名字说》

◆ **原典**

子曰："夫昔者君子比德于玉焉。温润而泽，仁也；缜密以栗，知也；廉而不刿，义也；垂之如队，礼也；叩之其声清越以长，终其诎然，乐也；瑕不掩瑜，瑜不掩瑕，忠也；孚尹旁达，信也；气如白虹，天也；精神见于山川，地也；圭璋特达，德也；天下莫不贵者，道也。《诗》云：'言念君子，温其如玉。'故君子贵之也。"

——《礼记·聘义》

◆ **释义**

孔子说："从前的君子都是拿玉来和人的美德相比。玉的温厚而又润泽就好比仁，缜密而又坚实就好比智，有棱角而不伤人就好比义，玉佩垂而下坠就好比礼。轻轻一敲，玉声清脆悠扬，响到最后，又戛然而止，就好比动听的音乐；既不因其优点而掩盖其缺点，也不因其缺点而掩盖其优点，就好比人的忠诚；光彩晶莹，表里如一，就好比人的言而有信；宝玉所在，其上有气如白虹，就好比与天息息相通；产玉之所，山川草木津润丰美，又好比与地息息相通。圭璋作为朝聘时的礼物可以单独使用，不像其他礼物还需要加上别的什么东西才能算数，这是玉的美德在起作用。普天之下没有一个人不看重玉的美德，这就好像普天之下没有一个人不看重道那样。《诗经》上说：‘多么想念君子啊，他就像玉那样温文尔雅。’所以君子才看重玉。”

仁远乎哉？
我欲仁，
斯仁至矣。

引用于《陆九渊全集》卷一《与曾宅之》

◆ **原典**

夫子曰：“仁远乎哉？我欲仁，斯仁至矣。”

——《论语·述而》

◆ **释义**

孔子说：仁难道离我们很远吗？只要我想实行仁，仁就来到跟前了。

从心所欲不逾矩。

引用于《陆九渊全集》卷四《与诸葛诚之》

◆ **原典**

子曰："吾十有五而志于学，三十而立，四十而不惑，五十而知天命，六十而耳顺，七十从心所欲不逾矩。"

——《论语·为政》

◆ **释义**

孔子说："我十五岁就立志学习，三十岁能够有所成就，四十岁遇到事情不再感到困惑，五十岁就知道哪些是不能为人力支配的事情而乐知天命，六十岁时能听得进各种不同的意见，到七十岁想做什么就做什么却不会超出规矩。"

舍己从人，乐取诸人以为善。

引用于《陆九渊全集》卷二十九《“天地设位……”》

◆ 原典

孟子曰：“子路，人告之以有过则喜；禹闻善言则拜。大舜有大焉，善与人同，舍己从人，乐取于人以为善。”

——《孟子·公孙丑上》

◆ 释义

孟子说：“子路，别人指出他的过错就高兴；禹听到善言就拜谢。伟大的舜又大大超过了他们，好品德愿与别人共有，抛弃自己的缺点学别人的长处，乐于吸取别人的优点来修养自己的品德。”

人皆曰『予知』，驱而纳诸罟擭陷阱之中，而莫之知辟也。

引用于《陆九渊全集》卷三《与童伯虞》

◆ **原典**

子曰："人皆曰'予知'，驱而纳诸罟擭陷阱之中，而莫之知辟也。人皆曰'予知'，择乎中庸，而不能期月守也。"

——《中庸》

◆ **释义**

孔子说："人们都说'我很聪明'，但是在受到驱使而被诱入罗网笼子或者陷阱之中的时候，却没有人知道躲避开。人们都说'我很聪明'，但是在选择了中庸之后，却不能守住满一个月的时间。"

丧礼，与其哀不足而礼有余也，不若礼不足而哀有余也。

引用于《陆九渊全集》卷十一《与吴子嗣》

◆ **原典**

丧礼，与其哀不足而礼有余也，不若礼不足而哀有余也。祭礼，与其敬不足而礼有余也，不若礼不足而敬有余也。

——《礼记·檀弓上》

◆ **释义**

举行丧礼，与其缺少哀痛却财物繁多、仪节详尽，不如缺少财物、仪节欠缺而哀痛有余。举行祭礼，与其缺少敬意、财物繁多、礼仪详尽，不如财物缺少、礼仪欠缺，却充满敬意。

言顾行，行顾言。

引用于《陆九渊全集》卷二《与朱元晦》

◆ **原典**

子曰："言顾行，行顾言，君子胡不慥慥尔！"

——《中庸》

◆ **释义**

孔子说："说话时要顾虑到能不能做到，做事时也要顾虑到与自己所说的话是不是一致，君子何不努力笃行实践，做到言行合一呢！"

得志与民由之，
不得志独行其道。

引用于《陆九渊全集》卷十四《与包敏道》

◆ **原典**

孟子曰："得志与民由之，不得志独行其道。"

——《孟子·滕文公下》

◆ **释义**

孟子说："能实现志向就与百姓一起去实现，不能实现志向时就独自遵循这个原则。"

富润屋，德润身。

引用于《陆九渊全集》卷三《与童伯虞》

◆ **原典**

富润屋，德润身，心广体胖，故君子必诚其意。

——《大学》

◆ **释义**

财富可以修饰房屋，道德可以修养人的身心。心胸宽广开朗身体自然安适舒坦，所以有道德修养的人一定要使自己的意念诚实。

赵孟之所贵，
赵孟能贱之。

引用于《陆九渊全集》卷三《与童伯虞》

◆ **原典**

孟子曰："欲贵者，人之同心也；人人有贵于己者，弗思耳矣。人之所贵者，非良贵也。赵孟①之所贵，赵孟能贱之。"

——《孟子·告子上》

◆ **释义**

孟子说："希望尊贵是人们的共同心理，每个人自己其实都有可尊贵的东西，只不过平时没有去想到它罢了。别人所给与的尊贵并不是真正的尊贵。赵孟使你尊贵，赵孟也同样可以使你下贱。"

① 赵孟：春秋时晋国正卿赵盾，字孟。这里代指有权势的人物。

人之彦圣，
其心好之，
不啻若自其口出。

引用于《陆九渊全集》卷十一《与吴子嗣》

◆ **原典**

人之有技，若己有之；人之彦圣，其心好之，不啻若自其口出。

——《尚书·周书·秦誓》

◆ **释义**

别人有技能，好像自己有了一样。别人有才德，他心里喜欢他，超过了他口头的赞扬。

一日克己复礼，天下归仁焉。

引用于《陆九渊全集》卷一《与邵叔谊》

◆ **原典**

颜渊问仁，子曰："克己复礼为仁。一日克己复礼，天下归仁焉。"

——《论语·颜渊》

◆ **释义**

颜渊问怎样做才是仁，孔子说："约束自己的心行，实践礼的规范，那就是仁了。果真有一天能克制自己，一切都照着礼的要求去做，那天下的人都会称他为仁人。"

欲知舜与跖之分，
无他，
利与善之间也。

引用于《陆九渊全集》卷六《与傅子渊》

◆ 原典

孟子曰："鸡鸣而起，孳孳为善者，舜之徒也；鸡鸣而起，孳孳为利者，跖之徒也。欲知舜与跖之分，无他，利与善之间也。"

——《孟子·尽心上》

◆ 释义

孟子说："鸡一叫就起床，孜孜不倦行善的人，是舜一类人物；鸡一叫就起床，孜孜不倦求利的人，是跖一类的人。要想知道舜和跖的区别在哪里，不用到别处去找，它就在利和善的中间。"

善不积不足以成名。

引用于《陆九渊全集》卷六《与傅子渊》

◆ **原典**

善不积不足以成名，恶不积不足以灭身。

——《周易·系辞下》

◆ **释义**

不做大量有益的事情就不会声誉卓著，不干尽坏事就不会毁灭自己。

诚者，物之终始；不诚，无物。

引用于《陆九渊全集》卷六《与傅圣谟》

◆ 原典

诚者，物之终始；不诚，无物。是故君子诚之为贵。

——《中庸》

◆ 释义

真诚贯穿在万事万物的始终，没有真诚就没有万事万物。所以，君子把真诚看做高贵的品德。

为仁由己，而由人乎哉？

引用于《陆九渊全集》卷十《与李成之》

◆ **原典**

子曰："为仁由己，而由人乎哉？"

——《论语·颜渊》

◆ **释义**

孔子说："实行仁德，完全在于自己，难道还在于别人吗？"

其辞恭，其欲俭。

引用于《陆九渊全集》卷三十二《拾遗·策》

◆ **原典**

子曰："后稷之祀易富也。其辞恭，其欲俭，其禄及子孙。"

——《礼记·表记》

◆ **释义**

孔子说："后稷的祭祀是很容易备办的，因为他的言辞恭敬，他的作风节俭，他的福禄也传给了子孙。"

小人不耻不仁，
不畏不义，
不见利不劝，
不威不惩。

引用于《陆九渊全集》卷十《与董元锡》

◆ **原典**

子曰：“小人不耻不仁，不畏不义，不见利不劝，不威不惩。小惩而大诫，此小人之福也。《易》曰‘履校灭趾，无咎’，此之谓也。”

——《周易·系辞下》

◆ **释义**

孔子说：“品格低下的人不以不仁义为耻辱，不以不义气为可怕，不看到利益不会进取，不加以威吓不知道戒惧。因为小的过失受到惩罚就应该引起足够的重视，这其实是小人的福气。《周易》说‘戴上脚铐而使脚趾受伤（以后会引以为戒），不会有大的灾祸’就是这个意思。”

天之生斯民也，
以先知觉后知，
以先觉觉后觉。

引用于《陆九渊全集》卷十《与曾宅之》

◆ **原典**

孟子曰：“天之生此民也，使先知觉后知，使先觉觉后觉也。予，天民先觉者也；予将以斯道觉斯民也，非予觉之而谁也？”

——《孟子·万章上》

◆ **释义**

孟子说：“上天生育这些民众，使先明理的人启发后明理的人，使先觉悟的人启发后觉悟的人。我，是上天生育这些民众中先觉悟的人，我要用这个道理来启发这些民众。不是我去启发他们觉醒，又有谁呢？”

中也养不中，
才也养不才。

引用于《陆九渊全集》卷十四《与侄孙浚》

◆ 原典

孟子曰：“中也养不中，才也养不才，故人乐有贤父兄也。如中也弃不中，才也弃不才，则贤不肖之相去，其间不能以寸。”

——《孟子·离娄下》

◆ 释义

孟子说：“品德修养好的人教育熏陶品德修养不好的人，有才能的人教育熏陶没有才能的人，所以人人都乐于有好的父亲和兄长。如果品德修养好的人抛弃品德修养不好的人，有才能的人抛弃没有才能的人，那么，好与不好之间的距离连一寸都没有了。”

存其心。

引用于《陆九渊全集》卷一《与曾宅之》

◆ **原典**

孟子曰："存其心，养其性，所以事天也。夭寿不贰，修身以俟之，所以立命也。"

——《孟子·尽心上》

◆ **释义**

孟子说："保持人的本心，养护人的本性，这是侍奉上天的办法。无论寿命长短，都不三心二意，修养自身，等待天命，这就是用以安身立命的方法。"

力不足者，中道而废，今女画。

引用于《陆九渊全集》卷三十五《语录下》

◆ 原典

冉求曰："非不说子之道，力不足也。"子曰："力不足者，中道而废。今女画。"

——《论语·雍也》

◆ 释义

冉求说："不是我不喜欢您的学说，是我力量不够。"孔子回答说："如果真的是力量不够，走到半道会走不动。现在你就画地自限。"

见善则迁，
有过则改。

引用于《陆九渊全集》卷三《与曹挺之》

◆ **原典**

君子以见善则迁，有过则改。

——《周易·益卦》

◆ **释义**

君子因此见到好的便学习改进，有了错误就及时改正。

诚者，自成也；
而道，自道也。

引用于《陆九渊全集》卷三十四《语录上》

◆ **原典**

诚者，自成也；而道，自道也。诚者物之终始，不诚无物，是故君子诚之为贵。

——《中庸》

◆ **释义**

诚可以自我修炼而成，道理需要自己去摸索。诚心需要贯穿探究事物的始终，没有诚就无法探究事物；所以君子以诚为贵，诚不只是成就自己而已，还要用以探究事物本质。

以道制欲，
则乐而不乱；
以欲忘道，
则惑而不乐。

引用于《陆九渊全集》卷二十二《杂说》

◆ **原典**

故曰：乐者，乐也。君子乐得其道，小人乐得其欲。以道制欲，则乐而不乱；以欲忘道，则惑而不乐。

——《礼记·乐记》

◆ **释义**

所以说：君子喜欢音乐是为了提高道德修养，小人喜好音乐是为了满足个人私欲。用道德修养来控制私欲，就会快乐而不悖乱；用满足私欲来忘却道德修养就会受到迷惑而不快乐。

君子喻于义，小人喻于利。

引用于《陆九渊全集》卷六《与傅子渊》

◆ **原典**

子曰："君子喻于义，小人喻于利。"

——《论语·里仁》

◆ **释义**

孔子说："君子懂得大义，小人只懂得小利。"

入则孝，出则弟，谨而信，泛爱众，而亲仁。

引用于《陆九渊全集》卷十五《与陶赞仲》

◆ 原典

子曰：“入则孝，出则弟，谨而信，泛爱众，而亲仁。行有余力，则以学文。”

——《论语·学而》

◆ 释义

孔子说：“身为子弟，在家要孝敬父母，出外要恭敬长辈和上司，做事要谨慎小心，说话要言而有信，要博爱众人，亲近有仁德的人。此外还有精力的话，再学习古圣贤的典籍。”

舍者避席，炀者避灶。

引用于《陆九渊全集》卷二十四《策问》

◆ 原典

阳之居南之沛，老聃西游于秦，邀于郊，至于梁而遇老子。老子中道仰天而叹曰：“始以汝为可教，今不可也。”阳子居不答。至舍，进盥漱巾栉，脱屦户外，膝行而前曰：“向者弟子欲请夫子，夫子行不闲，是以不敢。今闲矣，请问其过。”老子曰：“而睢睢盱盱，而谁与居？大白若辱，盛德若不足。”阳子居蹴然变容曰：“敬闻命矣！”其往也，舍者迎将。其家公执席，妻执巾栉，舍者避席，炀者避灶。其反也，舍者与之争席矣。

——《庄子·寓言》

◆ 释义

阳子居往南到沛地去，正巧老聃到西边的秦地闲游，阳子居估计将在沛地的郊野遇上老聃，可是到了梁城方才见上面。老子在半路上仰天长叹说：“当初我把你看作是可以教诲的人，如今看来你是不可受教的。”阳子居一句话也没说。到了旅店，阳子居进上各种盥洗用具，把鞋子脱在门外，双脚跪着上前说道：“刚才弟子正想请教先生，正赶上先生旅途中没有空闲，所以不敢贸然启齿。如今先生闲暇下来，恳请先生指出我的过错。”老聃说：“你仰头张目傲慢跋扈，你还能够跟谁相处？过于洁白的好像总会觉得有什么污垢，德行最为高尚的好像总会觉得有什么不足之处。”阳子居听了脸色大变羞惭不安地说：“弟子由衷地接受先生的教导。”阳子居刚来旅店的时候，店里的客人都得迎来送往，那个旅舍的男主人亲自为他安排坐席，女主人亲手拿着毛巾梳子侍候他盥洗，旅客们见了他都得让出座位，烤火的人见了也就远离火边。等到他离开旅店的时候，旅店的客人已经跟他无拘无束争席而坐了。

不知务。

引用于《陆九渊全集》卷十二《与刘伯协》

◆ **原典**

孟子曰："不能三年之丧，而缌小功之察；放饭流歠，而问无齿决，是之谓不知务。"

——《孟子·尽心上》

◆ **释义**

孟子说："如果有人不实行三年的丧礼，却讲究缌麻、小功这类三五个月的丧礼；在尊长面前用餐大吃大喝，却讲究不用牙齿咬断干肉这类小礼节，这就叫不懂轻重缓急。"

亦为之而已矣。

引用于《陆九渊全集》卷十二《与赵咏道》

◆ 原典

曰："奚有于是？亦为之而已矣。有人于此，力不能胜一匹雏，则为无力人矣；今曰举百钧，则为有力人矣。然则举乌获之任，是亦为乌获而已矣。"

——《孟子·告子下》

◆ 释义

孟子说："这有什么关系呢？只要去做就行了。要是有人自以为连一只鸡都提不起来，那他便是一个没有力气的人。如果有人说自己能举起三千斤，那他就是一个很有力气的人。同样的道理，举得起乌获（战国时秦国大力士）所举的重量，也就是乌获了。"

和顺积中，而英华发外。

引用于《陆九渊全集》卷二十九《“庸言之信……”》

◆ **原典**

是故情深而文明，气盛而化神。和顺积中，而英华发外。

——《礼记·乐记》

◆ **释义**

所以，情感深厚就会文采鲜明，气度宏大就会变化神奇。和顺的情感累积在心中，就会有美好的神采表现在外表。

天地之性人为贵。

引用于《陆九渊全集》卷三十《“天地之性人为贵”论》

◆ 原典

天地之性人为贵。人之行，莫大于孝。

——《孝经·圣治》

◆ 释义

天地万物之中以人类最为尊贵。人类的行为，没有比孝道更为重大的了。

必则古昔，称先王。

引用于《陆九渊全集》卷三十二《“取二三策而已矣”》

◆ **原典**

正尔容，听必恭。毋剿说，毋雷同。必则古昔，称先王。

——《礼记·曲礼上》

◆ **释义**

要神情端庄，恭恭敬敬地听先生讲话。不要把别人的见解说成是自己的见解，不可没有主见，人云亦云。说话一定要以历史事实为依据，也可引述先王之言为根据。

己欲立而立人。

引用于《陆九渊全集》卷三十五《语录下》

◆ 原典

己欲立而立人，己欲达而达人。

——《论语·雍也篇》

◆ 释义

自己想立足时也帮助别人立足，自己想发达时也帮助他人发达。

嫂溺不援。

引用于《陆九渊全集》卷二十六《石湾祷雨文》

◆ 原典

曰："嫂溺不援，是豺狼也。男女授受不亲，礼也；嫂溺援之以手者，权也。"

——《孟子·离娄上》

◆ 释义

（孟子）说："嫂嫂淹入水中不伸手去救，简直就是豺狼。所谓男女授受不亲，是一种社会行为规范；嫂嫂淹入水中，伸手去救，是一种权宜变通之计。"

上帝临女，
无贰尔心。

引用于《陆九渊全集》卷三十五《语录下》

◆ 原典

上帝临女，无贰尔心。

——《诗经·大雅·大明》

◆ 释义

上天在监视着你，你不要有二心。

儆戒无虞，
罔失法度，
罔游于逸，
罔淫于乐。

引用于《陆九渊全集》卷三十五《语录下》

◆ **原典**

儆戒无虞，罔失法度，罔游于逸，罔淫于乐。

——《尚书·虞书·大禹谟》

◆ **释义**

只有时刻警诫自己，才能免于后忧。不要破坏法规制度，不要游荡安逸，不要过度玩乐。

直方大，
不习无不利。

引用于《陆九渊全集》卷一《与曾宅之》

◆ 原典

直方大，不习无不利。

——《周易·坤卦》

◆ 释义

人的胸怀能像大地一样平直、方正、辽阔，做事不先尝试也不会不利。

我善养吾浩然之气。

引用于《陆九渊全集》卷三十五《语录下》

◆ **原典**

（公孙丑问曰）：“敢问夫子恶乎长？”曰：“我知言，我善养吾浩然之气。”

——《孟子·公孙丑上》

◆ **释义**

（公孙丑问说）：“请问先生在哪方面擅长？”（孟子）说：“我能理解别人言辞中表现出来的情志趋向，我善于培养自己拥有的浩然之气。”

出门如见大宾，使民如承大祭，己所不欲，勿施于人。

引用于《陆九渊全集》卷三十四《语录上》

◆ 原典

仲弓问仁，子曰：“出门如见大宾，使民如承大祭；己所不欲，勿施于人。在邦无怨，在家无怨。”

——《论语·颜渊》

◆ 释义

仲弓问孔子如何处世才能合乎仁道。孔子回答说：“出门与同仁行礼如见贵客一般，对百姓如大祭一样凝重，自己不喜欢的事不要强加给别人。如此在朝上就不会招致怨恨，在家中私下的交往也不会招致怨恨。”

侮圣言。

引用于《陆九渊全集》卷一《与曾宅之》

◆ **原典**

敢有侮圣言，逆忠直，远耆德，比顽童，时谓乱风。

——《尚书·伊训》

◆ **释义**

胆敢侮辱圣贤言论，悖逆忠直规劝，疏远贤德高士，亲近庇护小人，这叫做荒乱的风气。

敬天之渝。

引用于《陆九渊全集》卷一《与曾宅之》

◆ 原典

敬天之怒，无敢戏豫。敬天之渝，无敢驰驱。昊天曰明，及尔出王。昊天曰旦，及尔游衍。

——《诗经·大雅·板》

◆ 释义

敬畏上天的发怒警告，不敢荒嬉逍遥。看重天的变化示意，不敢任性桀骜。上天意志明白可鉴，与你来往同道。上天惩戒无时不在，与你一同出入游遨。

敬之敬之。

引用于《陆九渊全集》卷一《与曾宅之》

◆ 原典

敬之敬之，天维显思，命不易哉！无曰高高在上，陟降厥士，日监在兹。

——《周颂·闵予小子之什·敬之》

◆ 释义

小心谨慎莫忘记，上天监察最明显。保持天命真困难，莫说高高在上面。事物由它定升降，每日监视这下边。

死矣！盆成括。

引用于《陆九渊全集》卷三十四《语录上》

◆ **原典**

盆成括仕于齐。孟子曰："死矣！盆成括。"盆成括见杀，门人问曰："夫子何以知其将见杀？"曰："其为人也小有才，未闻君子之大道也，则足以杀其躯而已矣。"

——《孟子·尽心下》

◆ **释义**

盆成括在齐国做官。孟子说："要死了！盆成括。"盆成括果然被杀，学生问孟子说："老师怎么知道盆成括会被杀呢？"孟子回答说："盆成括有点小聪明，但不懂得君子应该知道的大道理，这便是足以招致杀身之祸的原因罢了。"

不知其仁。

引用于《陆九渊全集》卷二十一《论语说》

◆ 原典

或曰："雍也仁而不佞。"子曰："焉用佞？御人以口给，屡憎于人。不知其仁，焉用佞？"

孟武伯问："子路仁乎？"子曰："不知也。"又问。子曰："由也，千乘之国，可使治其赋也，不知其仁也。""求也何如？"子曰："求也，千室之邑，百乘之家，可使为之宰也，不知其仁也。""赤也何如？"子曰："赤也，束带立于朝，可使与宾客言也，不知其仁也。"

——《论语·公冶长》

◆ 释义

有人说："冉雍这人有仁德却没有口才。"孔子说："何必要有口才呢？快嘴利舌地跟人辩驳，常常惹人讨厌。不知道冉雍是否有仁德，但光有口才有什么用呢？"

孟武伯问："子路算得上有仁德吗？"孔子说："不知道。"孟武伯又问一遍。孔子说："仲由啊，一个具备千辆兵车的大国，可以让他去负责军事。不知道子路是否有仁德。”又问：“冉求（即冉有）怎么样?”孔子说：“求呢，一个千户规模的大邑，一个具备兵车百辆的大夫封地，可以让他当总管。不知道冉求是否有仁德。”孟武伯继续问：“公西赤怎么样?”孔子说：“赤呀，穿上礼服，站在朝廷上，可以让他和宾客会谈。不知道公西赤是否有仁德。”

君子行不贵苟难。

引用于《陆九渊全集》卷四《得解见权郡》

◆ **原典**

君子行不贵苟难，说不贵苟察，名不贵苟传，唯其当之为贵。故怀负石而投河，是行之难为者也，而申徒狄能之；然而君子不贵者，非礼义之中也。

——《荀子·不苟》

◆ **释义**

君子对于行为不以不正当的难能为可贵；对于学说，不以不正当的明察为宝贵；对于名声，不以不正当的流传为珍贵；只有行为、学说、名声符合了礼义才是宝贵的。所以怀里抱着石头而投河自杀，这是难以做到的行为，但申徒狄却能够这样做；然而君子并不推崇，是因为它不合礼义的中正之道。

潜虽伏矣，亦孔之昭。

引用于《陆九渊全集》卷三《与乔德占》卷一

◆ 原典

《诗》云：“潜虽伏矣，亦孔之昭。”故君子内省不疚，无恶于志。

——《中庸》

◆ 释义

《诗经》里说：“虽然隐藏得很深，也暴露得很明显。”所以君子审视内心，丝毫不感到愧疚，在他心里也从未有过邪恶的想法。

由！知德者鲜矣。

引用于《陆九渊全集》卷三十五《语录下》

◆ 原典

子曰："由！知德者鲜矣。"

——《论语·卫灵公》

◆ 释义

孔子说："由啊！懂得道德的人太少了。"

克自抑畏。

引用于《陆九渊全集》卷四《与诸葛诚之》

◆ 原典

周公曰："呜呼！厥亦惟我周太王、王季克自抑畏。文王卑服，即康功田功。"

——《尚书·周书·无逸》

◆ 释义

周公说：啊！只有我周太王、王季恭敬慎重。文王有条不紊地成就了安定人民和开垦土地的事业。"

至诚无息。

引用于《陆九渊全集》卷六《与傅圣谟》

◆ 原典

故至诚无息，不息则久，久则征；征则悠远，悠远则博厚，博厚则高明。博厚所以载物也；高明所以覆物也；悠久所以成物也。博厚配地，高明配天，悠久无疆。如此者不见而章，不动而变，无为而成。

——《中庸》

◆ 释义

所以极端的真诚是没有止息的，而没有止息就会保持长久，保持的长久了就会显露出来了，显露出来后就会源远流长，源远流长的就会广博深厚，而广博深厚的最终就会高大光明。因为广博深厚所以是承载万物的；因为高大光明所以是覆盖万物的；因为源远流长所以是生成万物的。广博深厚是可以与地相比的，高大光明是可以与天相比的，而源远流长则是永无止境的。如果达到了这样的境界，那么不显示的也会明显了，而不变动的也会有所变化了，即使无所作为也自然而然地会有所成就。

戒谨不睹，
恐惧不闻。

引用于《陆九渊全集》卷十二《与黄循中》

◆ **原典**

是故君子戒慎乎其所不睹，恐惧乎其所不闻。

——《中庸》

◆ **释义**

因此，君子在无人看见的地方也要小心谨慎，在无人听得到的地方也要恐惧敬畏。

言忠信，行笃敬。

引用于《陆九渊全集》卷十五《与陶赞仲》

◆ 原典

子张问行。子曰："言忠信，行笃敬，虽蛮貊之邦行矣；言不忠信，行不笃敬，虽州里行乎哉？立，则见其参于前也；在舆，则见其倚于衡也。夫然后行。"

——《论语·卫灵公》

◆ 释义

子张问怎样能使主张到处行得通。孔子说："言语忠诚守信，行为笃实恭敬，即使是在蛮和貊这样的国家，你的主张也能行得通。言语不能忠诚守信，行为不能笃实恭敬，即使是在本乡本土，那能行得通吗？站着就能看到这些内容呈现在眼前，坐在车中仿佛就在横木上，这样就行得通了。"

笾豆之事，则有司存。

引用于《陆九渊全集》卷十五《与陶赞仲》

◆ **原典**

曾子有疾，孟敬子问之。曾子言曰：“鸟之将死，其鸣也哀；人之将死，其言也善。君子所贵乎道者三：动容貌，斯远暴慢矣；正颜色，斯近信矣；出辞气，斯远鄙倍矣。笾豆之事，则有司存。”

——《论语·泰伯》

◆ **释义**

曾子有病，孟敬子来问候他。曾子说：“鸟快死了，它的叫声是悲哀的；人快死了，他说的话是善意的。君子最重视的道理有三条：整肃容貌，就能远离傲慢和无礼；端正态度神色，就更容易令人信服；注意说话的文辞口气，就能远离粗野和错误；有关礼仪的细节，有专门的人员负责。”

发乎情，止乎礼义。

引用于《陆九渊全集》卷十七《与沈宰》

◆ 原典

故变风发乎情，止乎礼义。发乎情，民之性也；止乎礼义，先王之泽也。

——《诗经·大序》

◆ 释义

所以《变风》发自诗人情感，但又不超出礼仪范围。发自诗人情感，是人之常情；不超出礼仪范围，是先王德泽教化的结果。于情理之中而发生，因道德礼仪而终止。

兴于诗。

引用于《陆九渊全集》卷二十四《策问》

◆ **原典**

子曰："兴于诗，立于礼，成于乐。"

——《论语·泰伯》

◆ **释义**

孔子说："以诗来激发志趣，把礼作为立身处世的根基，将音乐用来完成自身修养。"

子以四教：
文、行、忠、信。

引用于《陆九渊全集》卷二十四《策问》

◆ **原典**

子以四教：文、行、忠、信。

——《论语·述而》

◆ **释义**

孔子以四项内容来教导学生：文化知识、履行所学之道的行动、忠诚、守信。

孟施舍之守气，
不如曾子之守约也。

引用于《陆九渊全集》卷三十四《语录上》

◆ **原典**

孟施舍之守气，又不如曾子之守约也。

——《孟子·公孙丑上》

◆ **释义**

孟施舍能够保持勇气，又不如曾子能够守住关键。

居之似忠信，
行之似廉洁，
自以为是，
人皆悦之。

引用于《陆九渊全集》卷二十四《策问》

◆ **原典**

万子曰："一乡皆称原人焉，无所往而不为原人，孔子以为德之贼。何哉？"曰："非之无举也，刺之无刺也；同乎流俗，合乎污世；居之似忠信，行之似廉洁；众皆悦之，自以为是，而不可与入尧舜之道，故曰'德之贼'也。"

——《孟子·尽心下》

◆ **释义**

万章说："全乡的人都说他是个诚谨善良的人，他也到处表现的是个诚谨善良的人，孔子竟把他看作戕害道德的人。为什么呢？"答道："要非难他，却又举不出什么大错误来；要讥讽他，也没什么可讥讽的，他向世间通行的恶俗看齐，和这个污秽的世界合流；居家好像忠诚老实，行动好像清正廉洁；大家也都喜欢他，他自己也以为正确，但是不能和他一起走上尧舜的大道，所以说他是戕害道德的人。"

天下之言
不归杨则归墨。

引用于《陆九渊全集》卷二十四《策问》

◆ **原典**

天下之言不归杨则归墨。杨氏为我，是无君也；墨氏兼爱，是无父也。无父无君，是禽兽也。

——《孟子·滕文公下》

◆ **释义**

天下的学说不归杨朱一派，就属墨翟一派。杨朱提倡只为自己，这是目无国君；墨翟主张兼爱，这是目无父母。目无父母，目无君主，这样的人就是禽兽。

无以加于孝乎。

引用于《陆九渊全集》卷三十《“天地之性人为贵”论》

◆ 原典

曾子曰：“敢问圣人之德，无以加于孝乎？”子曰：“天地之性，人为贵。人之行，莫大于孝。孝莫大于严父，严父莫大于配天，则周公其人也。”

——《孝经·圣治》

◆ 释义

曾子说：“老师，我再冒昧地提一个问题：在圣人的德行中，再没有比孝道更重要的吗？”孔子回答说：“在天地万物中，人是最尊贵的了。在人的道德品行中，孝道是至高无上的。奉行孝道，最重要的是敬重父亲，敬重父亲的极点，就是把父祖等同于上天的尊严，周公姬旦就是这样做的。”

人不可以无耻。

引用于《陆九渊全集》卷三十二《“人不可以无耻”》

◆ **原典**

孟子曰：“人不可以无耻，无耻之耻，无耻矣！”

——《孟子·尽心上》

◆ **释义**

孟子说：“人不可以没有羞耻之心，不知羞耻的那种羞耻，就是无耻啊！”

古训是式。

引用于《陆九渊全集》卷三十二《“取二三策而已矣”》

◆ **原典**

古训是式，威仪是力。

——《诗经·大雅·烝民》

◆ **释义**

遵从古训不出格，努力做事合礼节。

止邪于未形。

引用于《陆九渊全集》卷三十四《语录上》

◆ 原典

礼之教化也微，其止邪也于未形，使人日徙善远罪而不自知也。是以先王隆之也。《易》曰：“君子慎始。差若豪厘，缪以千里。”此之谓也。

——《礼记·经解》

◆ 释义

礼义的教化作用是潜移默化的，它会在邪恶还没有形成的时候就扼杀它，能使人在不知不觉中靠近善良，远避罪恶。所以先王特别尊崇礼。《周易》上说：“君子非常重视事情的开始。开始的时候尽管只是一点不起眼的差错，结果却会导致极大的祸害。”说的就是这个。

绝恶于未萌。

引用于《陆九渊全集》卷三十四《语录上》

◆ 原典

贵绝恶于未萌，而起教于微眇，使民日徙善远罪而不自知也。

——贾谊《治安策》

◆ 释义

最可贵之处在于能将罪恶断绝于未形成之前，从细微之处推行教化，使天下百姓日益趋向善良，远离罪恶而自己还没有觉察到。

第五章　处世篇

道在迩而求诸远，事在易而求诸难。

引用于《陆九渊全集》卷一《与曾宅之》

◆ 原典

孟子曰：“道在迩而求诸远，事在易而求诸难。人人亲其亲、长其长，而天下平。”

——《孟子·离娄上》

◆ 释义

孟子说：“道理就在近处却跑到很远的地方去寻求，事情很容易却在艰难的地方下手去解决问题。其实，只要人人都亲近自己的亲人，尊敬自己的长辈，天下就可以太平。”

素富贵行乎富贵，
素贫贱行乎贫贱，
素夷狄行乎夷狄，
素患难行乎患难，
君子无入
而不自得焉。

引用于《陆九渊全集》卷十二《与赵然道》

◆ 原典

“君子素其位而行，不愿呼其外。素富贵行乎富贵，素贫贱行乎贫贱，素夷狄行乎夷狄，素患难行乎患难，君子无入而不自得焉。”

——《中庸》

◆ 释义

君子只求就现在所处的地位，来做他应该做的事，不希望去做本分以外的事。处在富贵的地位，就做富贵人应该做的事；处在贫贱的地位，就做贫贱时应该做的事；处在夷狄的地位，就做夷狄所应该做的事；处在患难，就做患难时所应该做的事。君子无论在什么地方都能悠然自得。

徐行后长者谓之弟，
疾行先长者谓之不弟。
夫徐行者，
岂人所不能哉？
不为也。

引用于《陆九渊全集》卷一《与曾宅之》

◆ 原典

夫人岂以不胜为患哉？弗为耳。徐行后长者谓之弟，疾行先长者谓之不弟。夫徐行者，岂人所不能哉？所不为也。

——《孟子·告子下》

◆ 释义

一个人怎能以胜任不了为忧呢？只是不去做罢了。走慢点儿，走在长者之后，便叫做“悌”；快步走，抢在长者之前，便叫“不悌”。走慢点儿，难道是人做不到的吗？只是不做罢了。

日严祇敬六德。

引用于《陆九渊全集》卷一《与曾宅之》

◆ 原典

皋陶曰："宽而栗，柔而立，愿而恭，乱而敬，扰而毅，直而温，简而廉，刚而塞，强而义。彰厥有常，吉哉！日宣三德，夙夜浚明有家；日严祇敬六德，亮采有邦。

——《尚书·虞书·皋陶谟》

◆ 释义

皋陶说："宽宏而又坚栗，柔顺而又卓立，谨厚而又严恭，多才而又敬慎，驯服而又刚毅，正直而又温和，简易而又方正，刚正而又笃实，坚强而又合宜，要明显地任用具有九德的好人啊！天天表现出三德，日夜清明治家，天天庄严地重视六德，辅佐国家政事。

请事斯语。

引用于《陆九渊全集》卷一《与胡季随》

◆ **原典**

子曰："非礼勿视，非礼勿听，非礼勿言，非礼勿动。"颜渊曰："回虽不敏，请事斯语矣。"

——《论语·颜渊》

◆ **释义**

孔子说："不合于礼的不要看，不合于礼的不要听，不合于礼的不要说，不合于礼的不要做。"颜渊说："我虽然愚笨，请让我照您说的这些话去做。"

所恶于智者
为其凿也。
如智者若禹之
行水也，
则无恶于智矣。
禹之行水也，
行其所无事也。
如智者亦行其
所无事，
则智亦大矣。

引用于《陆九渊全集》卷一《与胡季随》

◆ **原典**

孟子曰："天下之言性也，则故而已矣，故者以利为本。所恶于智者为其凿也，如智者若禹之行水也，则无恶于智矣。禹之行水也，行其所无事也。如智者亦行其所无事，则智亦大矣。"

——《孟子·离娄下》

◆ **释义**

孟子说："天下的人都说本性，能弄清楚本源就可以了，而本源是顺其自然的。之所以讨厌聪明人，是因为聪明人容易穿凿附会、生拉硬扯，如果聪明人能像大禹疏导水流一样，我们就不会讨厌聪明人了。大禹疏导水流，就是让他们像没事儿一样，顺其自然地运行。如果聪明人也能像没事儿一样顺其自然，那就是具有大智慧了。"

先为不可胜，以待敌之可胜。

引用于《陆九渊全集》卷十八《与庙堂乞筑城札子》

◆ **原典**

昔之善战者，先为不可胜，以待敌之可胜。不可胜在己，可胜在敌。

——《孙子兵法·形篇》

◆ **释义**

从前善于用兵打仗的人，首先创造条件使敌人战胜不了我，用以等待和寻求敌人能够被我战胜的时机。敌人战胜不了我的前提在于我能把握自己不犯作战错误，我能战胜敌人的前提是敌人犯了作战错误。

无恃其不来，
恃吾有以待之；
无恃其不攻，
恃吾有所不可攻。

引用于《陆九渊全集》卷十八《与庙堂乞筑城札子》

◆ **原典**

无恃其不来，恃吾有以待之也；无恃其不攻，恃吾有所不可攻也。

——《孙子兵法·九变》

◆ **释义**

不要侥幸指望敌人不来侵犯，而要依靠自己应付敌人侵犯的充分准备；不要侥幸指望敌人不来进攻我，而要依靠自己有着使敌人攻不破我的强大实力。

乡愿，德之贼也。

引用于《陆九渊全集》卷二十四《策问》

◆ **原典**

子曰：“乡愿，德之贼也。”

——《论语·阳货》

◆ **释义**

孔子说：“不分是非的老好人，是道德的破坏者。”

执事敬。

引用于《陆九渊全集》卷三十四《语录上》

◆ 原典

樊迟问仁，子曰：“居处恭，执事敬，与人忠。虽之夷狄，不可弃也。”

——《论语·子路》

◆ 释义

樊迟问怎样才是仁，孔子说：“平常在家规规矩矩，办事严肃认真，待人忠心诚意。即使到了夷狄之地，也不可背弃。”

以义制事，以礼制心。

引用于《陆九渊全集》卷七《与詹子南》

◆ **原典**

王懋昭大德，建中于民。以义制事，以礼制心，垂裕后昆。

——《尚书·商书·仲虺之诰》

◆ **释义**

兴盛之王当明大德于天下，建立大中之道以教化人民，以美善之政裁制事物，以礼法典章约束人心，垂拱而治以启示后代子孙。

不可则止。

引用于《陆九渊全集》卷二十七《全州教授陆先生行状》

◆ **原典**

忠告而善道之，不可则止，毋自辱焉。

——《论语·颜渊》

◆ **释义**

对待朋友要忠言相告，引导他向善。他不听从就罢了，不要自取其辱。

居其室，出其言善，则千里之外应之。出其言不善，则千里之外违之。

引用于《陆九渊全集》卷二十二《杂说》

◆ **原典**

子曰："君子居其室，出其言善，则千里之外应之，况其迩者乎？居其室，出其言不善，则千里之外违之，况其迩者乎？"

——《周易·系辞上》

◆ **释义**

孔子说："君子居于家中，说出的话是善的，千里之外的人也会迎合他，何况近处的人呢？居于家中，说出的话是不善的，千里之外的人也会违逆他，何况近处的人呢！"

靡不有初，
鲜克有终。

引用于《陆九渊全集》卷三《与曹立之》

◆ **原典**

靡不有初，鲜克有终。

——《诗经·大雅·荡》

◆ **释义**

没有一件事情不是有好的开端，却很少有能够坚持到底的。

言必信，
行必果。
硁硁然小人哉。

引用于《陆九渊全集》卷三《与曹立之》

◆ **原典**

言必信，行必果。硁（kēng）硁然小人哉。

——《论语·子路》

◆ **释义**

说话一定要算数，做事一定要有结果。浅陋固执是没有见识的人。

言人之不善，当如后患何？

引用于《陆九渊全集》卷三十四《语录上》

◆ 原典

孟子曰：“言人之不善，当如后患何？”

——《孟子·离娄下》

◆ 释义

孟子说：“说人家的坏话，怎么对付因此而产生的后患呢？”

掘井九仞而不及泉，犹为弃井。

引用于《陆九渊全集》卷十五《与章茂献》

◆ **原典**

孟子曰：“有为者辟若掘井，掘井九仞而不及泉，犹为弃井也。”

——《孟子·尽心上》

◆ **释义**

孟子说：“做事好比打井，打了六七丈深还没打到泉水，仍然是口废井。”

行百里者半于九十。

引用于《陆九渊全集》卷十五《与章茂献》

◆ 原典

《诗》云："行百里者半于九十。"此言末路之难也。

——《战国策·秦策五·谓秦王》

◆ 释义

《诗经》说："行走一百里的路程，走到九十里才算是走了一半。"这是说走最后一段道路更加艰难。

不知言，无以知人也。

引用于《陆九渊全集》卷三十五《语录下》

◆ 原典

孔子曰：“不知命，无以为君子也；不知礼，无以立也；不知言，无以知人也。”

——《论语·尧曰》

◆ 释义

孔子说：“不懂天命，不可以成为君子；不懂礼义，不能立足于社会；不懂得分辨言语是非，不能了解别人。”

存乎人者，
莫良于眸子。
眸子不能掩其恶。
胸中正
则眸子瞭焉，
胸中不正
则眸子眊焉。

引用于《陆九渊全集》卷十二《与饶寿翁》

◆ 原典

孟子曰：“存乎人者，莫良于眸子。眸子不能掩其恶。胸中正则眸子瞭焉；胸中不正则眸子眊焉。听其言也，观其眸子，人焉廋哉！”

——《孟子·离娄上》

◆ 释义

孟子说：“观察一个人，最好莫过于比看他的眼睛。因为眼睛掩盖不了一个人内心的丑恶。心地光明正大，眼睛就会明亮；心地不光明正大，眼睛就灰暗。听一个人讲话的时候，注意观察他的眼神，这个人（的美与丑）怎么能够隐匿得起来呢？”

士，诚小人也。

引用于《陆九渊全集》卷三《与曹立之》

◆ 原典

孟子去齐。尹士语人曰："不识王之不可以为汤、武，则是不明也；识其不可然且至，则是干泽也。千里而见王，不遇故去，三宿而后出昼，是何濡滞也？士则兹不悦！"

高子以告。曰："夫尹士恶知予哉？千里而见王，是予所欲也；不遇故去，岂予所欲哉？予不得已也。予三宿而出昼，于予心犹以为速，王庶几改之！王如改诸，则必反予。夫出昼，而王不予追也，予然后浩然有归志。予虽然，岂舍王哉！王由足用为善。王如用予，则岂徒齐民安，天下之民举安。王庶几改之，予日望之。予岂若是小丈夫然哉？谏于其君而不受，则怒；悻悻然见于其面，去则穷日之力而后宿哉？"

尹士闻之曰："士，诚小人也！"

——《孟子·公孙丑下》

◆ 释义

孟子离开了齐国，尹士对别人说："不晓得齐王不能够做商汤、周武，那是孟子糊涂；晓得齐王不行，然而还要来，那他就是来求取富贵的。大老远跑来，话不投机而离去，在昼县住了三晚才离开，为什么这样拖拖拉拉呢？这种情形我很不喜欢！”

高子把这话告诉了孟子。孟子说：“那尹士哪能了解我呢？大老远跑来和齐王见面，是我抱有希望；话不投机而离去，难道是我希望的吗？我只是不得已罢了。我在昼县住了三晚才离开，我心里觉得还是太快了，我心想王或许会改变态度的；王如果改变态度，就一定会召我返回。我出了昼县，王还没有追回我，我才铁定了回乡的念头。即便这样，我难道肯抛弃王吗？王仍然足以行仁政。王如果用我，又何止齐国的百姓得享太平，天下的百姓都将得享太平。王或许会改变态度的，我天天盼啊盼啊。我难道非要像那小肚鸡肠男人一般：向王进谏，王不接受，便生闷气，失望不满全写在脸上；一旦离开，就跑得精疲力竭才肯歇脚吗？”

尹士听了这话后说：“我尹士真是个小人哪！”

贤贤易色。

引用于《陆九渊全集》卷十《与吴显仲》

◆ 原典

子夏曰："贤贤易色，事父母，能竭其力；事君，能致其身；与朋友交，言而有信。虽曰未学，吾必谓之学矣。"

——《论语·学而》

◆ 释义

子夏说："尊重贤者表现出和颜悦色；侍奉父母，能够竭尽全力；服侍君主，能够献出自己的生命；同朋友交往，说话诚实、恪守信用。这样的人，即使他自己说没有学过什么，我也一定要说他已经学习过了。"

可与适道，未可与立；可与立，未可与权。

引用于《陆九渊全集》卷三十四《语录上》

◆ **原典**

子曰：“可与共学，未可与适道；可与适道，未可与立；可与立，未可与权。”

——《论语·子罕》

◆ **释义**

孔子说：“可以和他一同学习，未必可以和他走共同的道路；可以和他走共同的道路，未必可以和他事事依礼而行；可以和他事事依礼而行，未必可以和他一起变通灵活处事。”

予欲无言。

引用于《陆九渊全集》卷三十四《语录上》

◆ 原典

子曰："予欲无言。"子贡曰："子如不言，则小子何述焉？"子曰："天何言哉？四时行焉，百物生焉。天何言哉？"

——《论语·阳货》

◆ 释义

孔子说："我不想说话了。"子贡问："老师如果不说话了，那我们学生怎能继续得到教诲呢？"孔子回答说："天说过什么话吗？四季不是照样运行，万物不是照样生长吗？天说过什么话吗？"

学不为人。

引用于《陆九渊全集》卷六《与傅全美》

◆ **原典**

学不为人，博而不俗。

——《汉书·叙传上》

◆ **释义**

做学问不为人所约束，学识渊博而品行高雅。

古之学者为己，
今之学者为人。

引用于《陆九渊全集》卷三十四《语录上》

◆ **原典**

子曰："古之学者为己，今之学者为人。"

——《论语·宪问》

◆ **释义**

孔子说："古代学者学习是为了充实提高自己，现在的学者学习是为了装饰给别人看。"

君子役物，小人役于物。

引用于《陆九渊全集》卷三十五《语录下》

◆ 原典

志意修则骄富贵，道义重则轻王公；内省而外物轻矣。传曰：“君子役物，小人役于物。”此之谓矣。

——《荀子·修身》

◆ 释义

志向美好就能傲视富贵，看重道义就能鄙薄王公贵族；内心省察自己，就觉得外来的财物轻微。古书上说：“君子支配外界事物，小人则被外物支配。”说的就是这个道理。

不言而信，存乎德行。

引用于《陆九渊全集》卷十一《与吴子嗣》

◆ **原典**

极天下之赜者存乎卦，鼓天下之动者存乎辞，化而裁之存乎变，推而行之存乎通，神而明之存乎其人。默而成之，不言而信，存乎德行。

——《周易·系辞上》

◆ **释义**

极尽天下繁杂物象的，在于“六十四卦”；鼓动天下动作营为的，在乎“爻辞”；变化而裁制之，在乎“变”；发挥而推行之，在于“通”；明其神奇奥妙之道，在乎其人的运用；默默地成就其事业，不说话就能够使人们信服，则在于自身深厚的德行。

知至至之，
可与言几也；
知终终之，
可与存义也。

引用于《陆九渊全集》卷七《与彭子寿》

◆ **原典**

知至至之，可与言几也；知终终之，可与存义也。是故，居上位而不骄，在下位而不忧。

——《周易·乾卦》

◆ **释义**

预知事情能发展到何种地步，就做到何种地步，这样的人可以与他讨论事情的微妙之处；预知事情能有何种结果，就以何种结果终止，这样的人可以与他存问道义。因此，占据高位的人不骄傲，地位低下的人不忧虑。

物格而后知至，
知至而后意诚，
意诚而后心正，
心正而后身修。

引用于《陆九渊全集》卷七《与彭子寿》

◆ 原典

物格而后知至，知至而后意诚，意诚而后心正，心正而后身修，身修而后家齐，家齐而后国治，国治而后天下平。

——《大学》

◆ 释义

通过对万事万物的认识、研究后才能获得知识；获得知识后意念才能真诚；意念真诚后心志才能端正；心志端正后才能修养身心；身心修养后才能管理好家庭和家族；管理好家庭和家族后才能治理好国家；治理好国家后才能天下太平。

始条理者，智之事也；终条理者，圣之事也。

引用于《陆九渊全集》卷七《与彭子寿》

◆ **原典**

孟子曰："集大成也者，金声而玉振之也。金声也者，始条理也；玉振之也者，终条理也。始条理者，智之事也；终条理者，圣之事也。"

——《孟子·万章下》

◆ **释义**

孟子说："集大成的意思，（譬如奏乐）先敲镈钟，最后用特磬收束。先敲镈钟，是节奏条理的开始；用特磬收束，是节奏条理的终结。条理的开始在于智，条理的终结在于圣。"

中焉止矣。

引用于《陆九渊全集》卷二《与朱元晦》

◆ **原典**

刚善刚恶，柔亦如之，中焉止矣。

——《通书·理性命》

◆ **释义**

刚强有善有恶，柔和也有善有恶，应该守位居中。

权，然后知轻重；度，然后知长短。物皆然，心为甚。

引用于《陆九渊全集》卷三《与刘深甫》

◆ **原典**

孟子曰：“权，然后知轻重；度，然后知长短。物皆然，心为甚。”

——《孟子·梁惠王上》

◆ **释义**

孟子说：“用秤称一下，就知道物的轻重；用尺子量一下，就知道物的长短。什么东西都是这样，人心更是这样。”

居天下之广居，
立天下之正位，
行天下之大道。

引用于《陆九渊全集》卷七《与邵中孚》

◆ **原典**

孟子曰：“居天下之广居，立天下之正位，行天下之大道；得志，与民由之；不得志，独行其道。富贵不能淫，贫贱不能移，威武不能屈，此之谓大丈夫。”

——《孟子·滕文公下》

◆ **释义**

孟子说：“住在天下最宽广的住宅——‘仁’里，站在天下最正确的位置——‘礼’上，走在天下最光明的大道——‘义’上；得志的时候，同老百姓一起走在这条大道上；不得志的时候，便自己一个人走这条路。身处富贵不会迷失本来的自己，贫贱的环境改变不了原来的志向，威武压制夺不走自己的节操，这样才叫做大丈夫！”

源泉混混，不舍昼夜，盈科而后进，放乎四海。

引用于《陆九渊全集》卷七《与邵中孚》

◆ **原典**

源泉混混，不舍昼夜，盈科而后进，放乎四海。有本者如是，是之取尔。苟为无本，七八月之间雨集，沟浍皆盈；其涸也，可立而待也。故声闻过情，君子耻之。

——《孟子·离娄下》

◆ **释义**

有本源的泉水滚滚地涌出来，昼夜不止，填满了低陷的地方才继续向前奔流，一直流到海洋。有本源的就是这样，孔子就是取了它这一点罢了。假若没有本源，七八月间雨水很多，大小沟渠都满了，但是一会儿也就干枯了。所以名誉超过实际的，君子认为是可耻的。

主忠信，毋友不如己者。

引用于《陆九渊全集》卷三十二《拾遗》

◆ 原典

子曰："主忠信，无友不如己者。过，则勿惮改。"

——《论语·学而》

◆ 释义

孔子说："行事当以忠信为主，不要跟不如自己的人为友。有了过错，不要害怕改正。"

知进退存亡，
而不失其正。

引用于《陆九渊全集》卷二十九《“首出庶物，万国咸宁”》

◆ **原典**

知进退存亡，而不失其正者，其唯圣人乎！

——《周易·乾卦》

◆ **释义**

知道做官、隐退、生存、死亡道理，并且不背离这些道理的人，他们一定是品德高尚智慧高超的人啊！

战战兢兢，如临深渊，如履薄冰。

引用于《陆九渊全集》卷十二《与赵咏道》

◆ 原典

不敢暴虎，不敢冯河。人知其一，莫知其他。战战兢兢，如临深渊，如履薄冰。

——《诗经·小雅·小旻》

◆ 释义

不敢徒手打老虎，不敢无舟去过河。人们只知这很危险，却不知其他灾祸。小心谨慎，如同站在悬崖边缘，如同踏在薄冰上面。

若蹈虎尾，
涉于春冰。

引用于《陆九渊全集》卷十五《与章茂献》

◆ **原典**

心之忧危，若蹈虎尾，涉于春冰。

——《尚书·周书·君牙》

◆ **释义**

心里的忧虑危惧，就像踩着了老虎的尾巴，走在春天的冰面上。

与天地相似。

引用于《陆九渊全集》卷六《与傅圣谟》

◆ 原典

与天地相似，故不违；知周乎万物，而道济天下，故不过；旁行而不流，乐天知命，故不忧；安土敦乎仁，故能爱。

——《周易·系辞上》

◆ 释义

亲近依随自然界察看其规律并且继续传承下去，长久不违背。明晓周围众多事情的道理，然而道理是贯通全天下的，所以不会出现错误。邪恶偏颇的行为不传布，喜欢大自然知道其规律，所以不会有忧愁。安于自己的田园土地崇尚仁慈，所以能够施恩惠于人。

君子以明庶政，
无敢折狱。

引用于《陆九渊全集》卷八《与赵推》

◆ **原典**

君子以明庶政，无敢折狱。

——《周易·贲卦》

◆ **释义**

君子用以明察日常事务，不敢主观断狱。

思曰睿。
睿作圣。

引用于《陆九渊全集》卷三《与刘深甫》

◆ **原典**

五事：一曰貌，二曰言，三曰视，四曰听，五曰思。貌曰恭，言曰从，视曰明，听曰聪，思曰睿。恭作肃，从作乂，明作哲，聪作谋，睿作圣。

——《尚书·周书·洪范》

◆ **释义**

五事：一是容貌，二是言论，三是观察，四是听闻，五是思考。容貌要恭敬，言论要正当，观察要明白，听闻要广远，思考要通达。容貌恭敬就能严肃，言论正当就能治理，观察明白就能明智，听闻广远就能善谋，思考通达就能圣明。

知及之，仁不能守之，虽得之，必失之。

引用于《陆九渊全集》卷十五《与孙季和》

◆ **原典**

子曰："知及之，仁不能守之，虽得之，必失之。知及之，仁能守之，不庄以莅之，则民不敬。知及之，仁能守之，庄以莅之，动之不以礼，未善也。"

——《论语·卫灵公》

◆ **释义**

孔子说："靠聪明才智得到它，仁德不能守住它，即使得到了，也一定会失去它。靠聪明才智得到它，仁德能够守住它，但不以庄重的态度来行使职权，那么民众就不敬畏。靠聪明才智得到它，用仁德保持它，能以庄重的态度来行使职权，但不能按照礼来动员，也是不完善的。"

庸言之信，
庸行之谨，
闲邪存其诚，
善世而不伐，
德博而化。

引用于《陆九渊全集》卷二十九《“庸言之信……”》

◆ 原典

庸言之信，庸行之谨，闲邪存其诚，善世而不伐，德博而化。

——《周易·乾卦》

◆ 释义

平常的言论要说到做到，平日行动要谨慎有节；要防止邪恶而保持诚实正直，行为美好而不沾沾自喜，道德广博而能感化天下。

勿忘，勿助长。

引用于《陆九渊全集》卷十《与詹子南》

◆ 原典

孟子曰："必有事焉而勿正，心勿忘，勿助长也。"

——《孟子·公孙丑上》

◆ 释义

孟子说："对于一定要发生的事情先不要期望，心中不要忘记，但也不要拔苗助长。"

雷在天上，大壮，君子以非礼弗履。

引用于《陆九渊全集》卷二十一《易说》

◆ 原典

雷在天上，大壮，君子以非礼弗履。

——《周易·大壮卦》

◆ 释义

震雷响彻天空，象征十分强盛，君子因非礼的事情而不干。

我亦欲正人心，
息邪说，
距诐行，
放淫辞，
以承三圣者。

引用于《陆九渊全集》卷十一《与李宰》

◆ **原典**

孟子曰：“我亦欲正人心，息邪说，距诐行，放淫辞，以承三圣者．岂好辩哉？予不得已也。能言距杨墨[①]者，圣人之徒也。”

——《孟子·滕文公下》）

◆ **释义**

孟子说：“我也想去端正人心，破除邪说，抵制偏颇的行为，批驳错误的言论，来继承禹、周公、孔子三位圣人。我难道喜好辩论吗？我是不得已啊！敢于抵制杨墨学说的人，就是圣人的门徒。”

① 杨墨：战国时杨朱与墨翟的兼称，代指杨墨的学说。杨朱主张为我。墨翟主张兼爱，是战国时期与儒家对立的两个重要学派。

任贤勿贰，去邪勿疑。

引用于《陆九渊全集》卷十《与李成之》

◆ 原典

任贤勿贰，去邪勿疑。疑谋勿成，百志惟熙。

——《尚书·虞书·大禹谟》

◆ 释义

任用贤才不要三心二意，铲除邪恶不要犹豫不决。谋划尚有疑问就不要勉强施行。这样，你心中的一切思虑都会通明透亮了。

所欲有甚于生者，
所恶有甚于死者。

引用于《陆九渊全集》卷十二《与赵然道》

◆ **原典**

由是则生而有不用也，由是则可以避患而有不为也。是故所欲有甚于生者，所恶有甚于死者。

——《孟子·告子上》

◆ **释义**

按照这种方法可以生存却不采用，按照这种方法可以躲避祸患却不去做。是因为有比生命更想要的东西（那就是义），有比死亡更厌恶的东西（那就是不义）。

知之为知之，不知为不知，是知也。

引用于《陆九渊全集》卷一《与邵叔谊》

◆ **原典**

子曰：“由，诲女知之乎！知之为知之，不知为不知，是知也。”

——《论语·为政》

◆ **释义**

孔子说：“仲由啊，让为师教导你对待知与不知的态度吧！知道就是知道，不知道就是不知道，这才是智慧啊。”

虽愚必明，
虽柔必强。

引用于《陆九渊全集》卷十四《与胥必先》

◆ **原典**

人一能之己百之，人十能之己千之。果能此道矣，虽愚必明，虽柔必强。

——《中庸》

◆ **释义**

别人一次能做的，我用百倍的工夫，别人十次能做的，我用千倍的工夫。如果真能这样做，即便愚笨也会变得聪明，即使柔弱也会变得刚强。

其为人也，
发愤忘食，
乐以忘忧，
不知老之将至。

引用于《陆九渊全集》卷二《与王顺伯》

◆ **原典**

子曰："女奚不曰'其为人也，发愤忘食，乐以忘忧，不知老之将至'云尔。"

——《论语·述而》

◆ **释义**

孔子说："你为什么不说'他这个人，发愤用功，连吃饭都忘了，快乐得把一切忧愁都忘了，不知道年老悄然而来'如此而已。"

不迁怒，
不贰过。

引用于《陆九渊全集》卷二十四《策问》

◆ **原典**

孔子对曰："有颜回者好学，不迁怒，不贰过。"

——《论语·雍也》

◆ **释义**

孔子回答："我有叫颜回的学生爱好学习，他从来都不把自己的怒气转移到别人身上，不重复犯同样的过错。"

君子有四时：
朝以听政，
昼以访问，
夕以修令，
夜以安身。
所以节宣其气，
而勿使壅闭湫底
以露其体。
兹心不爽，
而昏乱百度。

引用于《陆九渊全集》卷四《与诸葛诚之》

◆ **原典**

子产曰："君子有四时：朝以听政，昼以访问，夕以修令，夜以安身。于是乎节宣其气，勿使有所壅闭湫底以露其体。兹心不爽，而昏乱百度。"

——《左传·昭公元年》

◆ **释义**

子产说："君子要善于安排一天里的四个时间段：早晨用来听取政事，白天用来调查询问，晚上用来确定政令，夜里用来安歇身体。在这时就可以调节体气，不让它气血不通以致身体受到损害。心里不明白这些，就会胡乱应对。"

观于海者难为水，游于圣人之门者难为言。

引用于《陆九渊全集》卷十三《与潘文叔》

◆ 原典

孟子曰："孔子登东山而小鲁，登泰山而小天下。故观于海者难为水，游于圣人之门者难为言。"

——《孟子·尽心上》

◆ 释义

孟子说："孔子登上东山便觉得鲁国缩小了，登上泰山觉得天下缩小了。因此，看过大海的人不屑于江河的水，在圣人门下学习过的人也很难对其他学说感兴趣。"

故日月不过，
而四时不忒。

引用于《陆九渊全集》卷十《与黄康年》

◆ 原典

天地以顺动，故日月不过，而四时不忒。圣人以顺动，则刑罚清而民服。

——《周易·豫卦》

◆ 释义

天地能够顺应而动，因而就能使日月运行不出现偏差，四时运行也不会出现偏差。圣人因此顺时而动，就能使刑罚公正，人民诚服。

令闻广誉施于身。

引用于《陆九渊全集》卷十一《与吴子嗣》

◆ 原典

孟子曰："《诗》云'既醉以酒，既饱以德'。言饱乎仁义也，所以不愿人之膏粱之味也；令闻广誉施于身，所以不愿人之文绣也。"

——《孟子·告子上》

◆ 释义

孟子说："《诗经》讲'美酒已经喝醉，仁德已经充满'。这是说饱满于仁义，就不羡慕别人的美味佳肴了；美好的名声与赞誉加于自己身上，所以就不羡慕别人华美的衣裳了。"

自求多福。

引用于《陆九渊全集》卷二十三《荆门军上元设厅讲义》

◆ **原典**

无念尔祖，聿修厥德。永言配命，自求多福。

——《诗经·大雅·文王》

◆ **释义**

怎能不念你的祖先，要修养自身的德行。长久地顺应天命，求助自己比求助他人会得到更多的幸福。

祸福无不自己求之者。

引用于《陆九渊全集》卷三十四《语录上》

◆ **原典**

孟子曰："今国家闲暇，及是时，般乐怠敖，是自求祸也。祸福无不自己求之者。"

——《孟子·公孙丑上》

◆ **释义**

孟子说："如今国家没有内忧外患，趁这个时候追求享乐、懒惰游玩，这等于自己找祸上身。祸害和幸福没有不是自找的。"

作善，降之百祥；作不善，降之百殃。

引用于《陆九渊全集》卷三十三《荆门军上元设厅讲义》

◆ **原典**

作善，降之百祥；作不善，降之百殃。

——《尚书·伊训》

◆ **释义**

做善事的人上天会赐给他种种吉祥，做恶事的人上天会降给他许多灾祸。

一惭之不忍，而终身惭乎？

引用于《陆九渊全集》卷十四《与严泰伯》

◆ **原典**

子家子曰："君与之归。一惭之不忍，而终身惭乎？"

——《左传·昭公·昭公三十一年》

◆ **释义**

子家子说："君王和他一起回去。一次羞耻不能忍受，终身的羞耻反而能忍受吗？"

惟仁者能好人，能恶人。

引用于《陆九渊全集》卷十四《与侄孙浚》

◆ **原典**

子曰：“惟仁者能好人，能恶人。”

——《论语·里仁》

◆ **释义**

孔子说：“只有仁人才能够公正地喜爱应当喜爱的人，才能够公正地厌恶应当厌恶的人。”

君子以自昭明德。

引用于《陆九渊全集》卷三十四《语录上》

◆ 原典

明出地上，晋。君子以自昭明德。

——《周易·晋卦》

◆ 释义

太阳从地面升起，象征“上进”。君子因此也应该像太阳一样将自己光辉的美德彰显出来。

其进锐者，其退速。

引用于《陆九渊全集》卷三十四《语录上》

◆ **原典**

孟子曰：“于不可已而已者，无所不已。于所厚者薄，无所不薄也。其进锐者，其退速。”

——《孟子·尽心上》

◆ **释义**

孟子说：“对于不应该停止的却停止了，那就没有什么不可以停止。对于应该厚待的却薄待了，那就没有什么不可以薄待。前进太猛的人，后退也会快。”

察见渊中鱼不祥。

引用于《陆九渊全集》卷三十四《语录上》

◆ **原典**

察见渊鱼者不祥，智料隐匿者有殃。

——《列子·说符》

◆ **释义**

能清楚地看见深渊中的鱼（有多少条）是不吉利的，聪明到能看到他人隐匿的是要遭殃的。

艮其背，
不获其身；
行其庭，
不见其人。

引用于《陆九渊全集》卷三十四《语录上》

◆ 原典

艮其背，不获其身；行其庭，不见其人，无咎。

——《周易·艮卦》

◆ 释义

抑止背部，使整个身子不能动弹，在庭院里行走，却（不引起大家的注意）见不到人，便不会有灾祸。

和而不流。
中立而不倚。

引用于《陆九渊全集》卷二十《格矫斋说》

◆ **原典**

故君子和而不流，强哉矫！中立而不倚，强哉矫！国有道，不变塞焉，强哉矫！国无道，至死不变，强哉矫！

——《中庸》

◆ **释义**

所以品德高尚的人和顺而不随波逐流，强大啊强大！保持中立而不偏不倚，强大啊强大！国家政治清平时不改变困窘时的操守，强大啊强大！国家政治黑暗时坚持操守，宁死不变，强大啊强大！

狂者进取，
猖者有所不为。

引用于《陆九渊全集》卷三《与曹立之》

◆ 原典

子曰："不得中行而与之，必也狂狷乎！狂者进取，狷者有所不为也。"

——《论语·子路》

◆ 释义

孔子说："我找不到奉行中庸之道的人和他交往，只能与勇于进取的人、拘谨无为的人相交往了。勇于进取的人敢作敢为，拘谨无为的人对有些事是不肯干的。"

无父无君，是禽兽也。

引用于《陆九渊全集》卷二十四《策问》

◆ **原典**

杨氏为我，是无君也；墨氏兼爱，是无父也。无父无君，是禽兽也。

——《孟子·滕文公下》

◆ **释义**

杨氏主张为自己，是不要君王；墨氏主张兼爱，是不要父母。不要父母不要君王的人，就是禽兽。

宽柔以教。

引用于《陆九渊全集》卷三十《“常胜之道曰柔”论》

◆ **原典**

宽柔以教，不报无道，南方之强也。君子居之。

——《中庸》

◆ **释义**

用宽容柔和的精神去教育人，不报复对我的蛮横无理，这是南方坚强刚毅之人。品德高尚的人具有这种强。

施舍，己责。

引用于《陆九渊全集》卷五《与辛幼安》

◆ **原典**

施舍，已责，逮鳏寡，振废滞，匡乏困，救灾患，禁淫慝，薄赋敛，宥罪戾，节器用，时用民，欲无犯时。

——《左传·成公十八年》

◆ **释义**

赐舍财物，免除百姓对国家的欠债，照顾施恩惠给鳏夫寡妇，起用被废黜和长居下位的好人，救济贫困，援救灾难，禁止邪恶，少征赋税，宽恕罪过，节约器用，在农闲时使用农民，个人的欲望不侵占农时。

攻乎异端，斯害也已！

引用于《陆九渊全集》卷二十四《策问》

◆ **原典**

子曰："攻乎异端，斯害也已！"

——《论语·为政》

◆ **释义**

孔子说："做事情过或不及，都是祸害啊！"

尺蠖之屈，
以求伸也；
龙蛇之蛰，
以存身也。

引用于《陆九渊全集》卷三十《“常胜之道曰柔”论》

◆ **原典**

尺蠖之屈，以求信也；龙蛇之蛰，以存身也。精义入神，以致用也；利用安身，以崇德也。

——《周易·系辞下》

◆ **释义**

尺蠖尽量弯曲自己的身体，是为了伸展前进；龙蛇冬眠，是为了保全性命。精通天理，出神入化，宗旨在于妙用无穷；财货名利，用以安身，宗旨在于涵养淳德。

强弗友，刚克；燮友，柔克。

引用于《陆九渊全集》卷三十《“常胜之道曰柔”论》

◆ **原典**

平康正直，强弗友，刚克；燮友，柔克。沈潜刚克，高明柔克。

——《尚书·周书·洪范》

◆ **释义**

中正平和就是正直，强硬不可亲近就用强硬的方法取胜，和蔼可亲就用柔和的办法取胜。要抑制过分的刚强，推崇和顺可亲。

无思，无为，寂然不动，感而遂通天下之故。

引用于《陆九渊全集》卷三十五《语录下》

◆ **原典**

易无思也，无为也，寂然不动，感而遂通天下之故。非天下之至神，其孰能与于此？

——《周易·系辞上》

◆ **释义**

《周易》没有思绪，没有举止行为，安静不动，用心推论研究就能如愿地了解天下的事情。不是天下知识最渊博的人，那怎么能够达到如此程度呢？

吉凶者，贞胜者也。

引用于《陆九渊全集》卷三十五《语录下》

◆ 原典

吉凶者，贞胜者也。

——《周易·系辞下》

◆ 释义

吉和凶，守正道才能取得胜利。

十目所视，
十手所指。

引用于《陆九渊全集》卷十四《与严泰伯》

◆ **原典**

十目所视，十手所指，其严乎。

——《大学》

◆ **释义**

很多人眼睛看着，很多人用手指着，那是多么严峻啊。（指个人的言论行动在群众的监督之下，不允许做坏事，做了也隐瞒不了。）

事豫则立，
不豫则废。

引用于《陆九渊全集》卷十二《与赵咏道》

◆ **原典**

凡事豫则立，不豫则废。言前定则不跲（jiá，受阻碍），事前定则不困，行前定则不疚，道前定则不穷。

——《中庸》

◆ **释义**

做任何事情，事前有准备就可以成功，没有准备就会失败。说话事先有准备，就不会语塞；行事前计划先有准备，就不会失误；做人的道理能够事先决定妥当，就不会行不通了。

必也使无讼乎。

引用于《陆九渊全集》卷三十五《语录下》

◆ 原典

子曰："听讼，吾犹人也，必也使无讼乎。"

——《论语·颜渊》

◆ 释义

孔子说："审判案件，我和别人没有什么不同，一定要使人们不争讼。"

于人何所不容？如之何其拒人？

引用于《陆九渊全集》卷三十二《拾遗·“毋友不如己者”》

◆ 原典

子夏之门人问交于子张。子张曰：“子夏云何？”对曰：“子夏曰：‘可者与之，其不可者拒之。’”子张曰：“异乎吾所闻：君子尊贤而容众，嘉善而矜不能。我之大贤与，于人何所不容？我之不贤与，人将拒我，如之何其拒人也？”

——《论语·子张》

◆ 释义

子夏的学生问子张怎样交朋友。子张问：“子夏是怎么说的？”回答道：“子夏说：‘可以交往的人同他交往，那些不可以交往的就拒绝和他交往。’”子张说：“和我听到的不同。君子尊敬贤人而能容纳众人，赞美好人而同情没有才能的人。我是个大贤人的话，对别人有什么不能容纳的？我要是个不贤的人，别人将会拒绝和我交往，我又怎么去拒绝人家呢？”

如彼作室于道，
是用不溃于成。

引用于《陆九渊全集》卷二十一《学说》

◆ **原典**

如彼筑室于道谋，是用不溃于成。

——《诗经·小雅·小旻》

◆ **释义**

就像那将房子建在路边的人，与过路的人商量（怎么盖），所以盖不好。

操心危，
虑患深。

引用于《陆九渊全集》卷三《与张辅之》

◆ **原典**

孟子曰："人之有德慧术知者，恒存乎疢[①]疾。独孤臣孽子，其操心也危，其虑患也深，故达。"

——《孟子·尽心上》

◆ **释义**

孟子说："人的品德、智慧、本领、知识往往产生于灾患之中。那些被疏远的大臣和贱妾所生的儿子，经常操心着危难之事，深深忧虑着祸患降临，所以能通达事理。"

① 疢：读 chèn，热病。

拟之而后言，
议之而后动。

引用于《陆九渊全集》卷三《与刘深甫》

◆ **原典**

拟之而后言，议之而后动，拟议以成其变化。

——《周易·系辞上》

◆ **释义**

话先想好了再说，事先商议好了再行动。慎重思考和充分协商，事情在变化中可以取得成功。

老子于此兴复不浅。

引用于《陆九渊全集》卷十《与倪济甫》

◆ **原典**

亮在武昌，诸佐吏殷浩之徒乘秋夜往共登南楼，俄而不觉亮至，诸人将起避之。亮徐曰："诸君少住，老子于此处兴复不浅。"便据胡床与浩等谈咏竟坐。其坦率行己，多此类也。

——《晋书·庾亮传》

◆ **释义**

庾亮在武昌，殷浩和其他一些臣僚乘秋夜登南楼聚会，没想到过了一会儿庾亮也来了，大家起来准备回避，庾亮慢慢地说："诸位稍留一会儿，老夫对这方面兴趣也不浅。"便在胡床上和殷浩他们一起谈笑坐了好长时间。其行为坦率，大多如此。

明乎礼义而陋于知人心。

引用于《陆九渊全集》卷十一《与王顺伯》

◆ 原典

温伯雪子适齐，舍于鲁。鲁人有请见之者，温伯雪子曰："不可。吾闻中国之君子，明乎礼义而陋于知人心。吾不欲见也。"至于齐，反舍于鲁，是人也又请见。温伯雪子曰："往也蕲见我，今也又蕲见我，是必有以振我也。"出而见客，入而叹。明日见客，又入而叹。其仆曰："每见之客也，必入而叹，何邪？"曰："吾固告子矣：中国之民明乎礼仪而陋乎知人心。昔之见我者，进退一成规、一成矩，从容一若龙、一若虎。其谏我也似子，其道我也似父，是以叹也。"仲尼见之而不言。子路曰："吾子欲见温伯雪子久矣。见之而不言，何邪？"仲尼曰："若夫人者，目击而道存矣，亦不可以容声矣！"

——《庄子·外篇·田子方》

◆ 释义

温伯雪子往齐国去，途中寄宿于鲁国旅馆。旅馆的人报告说鲁国有个人请求见他，温伯雪子说："不见。我听说中原的绅士，讲起礼仪头头是道，却不懂人之常情。我不想接见。”到齐国后，返回时又住在鲁国旅馆，那个人又请相见。温伯雪子说：“往日请求见我，今天又请求见我，此人必定有启示于我。”出去见客，回房就慨叹一番；第二天又见客，回房又慨叹不已。随从问：“伯爷每次接见一次那位客人，回房总是叹气，为什么啊?”温伯雪子说：“我早就告诉过你了，那些中原派绅士讲礼仪头头是道，可就是不懂人之常情。这两天我的那位客人就非常讲礼仪。他在客厅内大走台步，演戏似的。前行，他绕半个圆圈，这是所谓合规；后退，他踏一条直线，这是所谓合矩。言谈气势有时像条龙，有时像只虎；他来规劝我像个儿子，诱导我又像位父亲，因为这我才叹气啊!”

孔子也去见了温伯雪子，两人却没说什么话。子路说：“我的老师啊，想见温伯雪子已经很久了，如今见面却没说什么话，为什么啊?”孔子说：“像他那样超凡脱俗的人，眼光看我一下，我就知道他表达的意思，也就不需要再用语言了。”

日切磋而不舍。

引用于《陆九渊全集》卷十三《与郑溥之》

◆ 原典

无用之辩，不急之察，弃而不治。若夫君臣之义、父子之亲、夫妇之别，则日切磋而不舍也。

——《荀子·天论》

◆ 释义

没有用处的辩说，不是急需的明察，应该抛弃而不加研究。至于那君臣之间的道义、父子之间的相亲、夫妻之间的区别，那是应该每天切磋琢磨而不能丢掉的啊。

君子多乎哉？不多也。

引用于《陆九渊全集》卷十五《与陶赞仲》

◆ **原典**

太宰问于子贡曰："夫子圣者与？何其多能也？"子贡曰："固天纵之将圣，又多能也。"子闻之，曰："太宰知我乎？吾少也贱，故多能鄙事。君子多乎哉？不多也！"

——《论语·子罕》

◆ **释义**

太宰问子贡说："夫子是圣人吗？为什么他这样多才多艺呢？"子贡说："这本来是上天想让他成为圣人，又让他多才多艺。"孔子听了这话，说："太宰怎么会了解我呢？我小时候贫贱，所以学会了不少鄙贱的技艺。君子会很多技艺吗？不会很多的啊！"

百工之事，
皆圣人之作也。

引用于《陆九渊全集》卷十五《与陶赞仲》

◆ **原典**

知者创物，巧者述之，守之世，谓之工。百工之事，皆圣人之作也。烁金以为刃，凝土以为器，作车以行陆，作舟以行水：此皆圣人之所作也。

——《周礼·考工记》

◆ **释义**

智慧的人创造器物，心灵手巧的人将制作过程记述下来，保持着前人的传统工艺，可以称之为良好的工匠。百工制作的器物，都是具有大智慧的人创造的。熔化金属而制作带利刃的器具，使土坚凝而制作陶器，制作车而在陆地上行进，制作船而在水上行驶：这些都是圣人的创造。

穷则变，变则通，通则久。

引用于《陆九渊全集》卷十七《与张监》

◆ **原典**

《易》：穷则变，变则通，通则久。

——《周易·系辞下》

◆ **释义**

《周易》里说：路子走不通了就要积极去改变，寻求正确的方式改变了才能解决问题，路子走通了，事物才能长久发展。

自天佑之，
吉无不利。

引用于《陆九渊全集》卷十七《与张监》

◆ **原典**

是故君子居则观其象而玩其辞，动则观其变而玩其占。是以自天佑之，吉无不利。

——《周易·系辞上》

◆ **释义**

因此君子静养在家中就细心观察《周易》的卦象和爻象，细心分析、体会卦辞爻辞背后所显示的宇宙人生的道理。有行动的时候应先细心观察，弄清楚自己行动的性质、时机、环境等和自己的身份、地位、知识、能力、助力、阻力等，类似三百八十四爻中的哪一爻。然后细心研究那特殊的爻的占辞，因为它讲的是特殊环境的吉凶演变。所以来自上天的保佑，有吉祥而无不利。

君子居之，何陋之有？

引用于《陆九渊全集》卷十九《宜章县学记》

◆ 原典

子欲居九夷。或曰："陋，如之何？"子曰："君子居之，何陋之有？"

——《论语·子罕》

◆ 释义

孔子想要搬到九夷那地方去居住。有人说："那里非常落后闭塞，不开化，怎么办？"孔子说："有君子去住，哪里还会闭塞落后了。"

思天下惟羿为愈己。是亦羿有罪焉。

引用于《陆九渊全集》卷二十四《策问》

◆ **原典**

逢蒙学射于羿，尽羿之道，思天下唯羿为愈己，于是杀羿。孟子曰："是亦羿有罪焉。"

——《孟子·离娄下》

◆ **释义**

逢蒙向后羿学习射箭，他从后羿学习到了射箭的技巧，想到全天下只有后羿的射箭技巧比自己强，于是就杀掉了后羿。孟子说："造成这种结果，后羿也有错（没有选择对人）。"

尹公之他，端人也，其取友必端矣。

引用于《陆九渊全集》卷二十四《策问》

◆ 原典

郑人使子濯孺子侵卫，卫使庾公之斯追之。子濯孺子曰：“今日我疾作，不可以执弓，吾死矣夫！”问其仆曰：“追我者谁也？”其仆曰：“庾公之斯也。”曰：“吾生矣。”其仆曰：“庾公之斯，卫之善射者也，夫子曰‘吾生’，何谓也？”曰：“庾公之斯学射于尹公之他，尹公之他学射于我。夫尹公之他，端人也，其取友必端矣。”庾公之斯至，曰：“夫子何为不执弓？”曰：“今日我疾作，不可以执弓。”曰：“小人学射于尹公之他，尹公之他学射于夫子。我不忍以夫子之道反害夫子。虽然，今日之事，君事也，我不敢废。”抽矢扣轮去其金，发剩矢而后反。

——《孟子·离娄下》

◆ 释义

郑国人派子濯孺子侵犯卫国，失败后，卫国派庾公之斯在后面追赶他。子濯孺子说：“今天我大病发作，不能够拿弓射箭，我死定了！”又问他的御者：“追赶我的是谁啊？”他的御者说：“是庾公之斯。”子濯孺子说：“我能够活命了。”他的御者说：“庾公之斯是卫国射箭的高手，您说‘能够活命’是什么道理呢？”子濯孺子回答说：“庾公之斯是向尹公之他学射箭的，而尹公之他是向我学射箭的。尹公之他这个人是很正直的，他选择的朋友一定也很正直。”庾公之斯终于追上子濯孺子，他对子濯孺子说：“您为什么不拿弓箭？”子濯孺子回答说：“我今天大病发作，不能够拿弓箭。”庾公之斯说：“在下向尹公之他学射箭，尹公之他向您学射箭。我不忍心用您射箭的技术回过来加害于您。不过，今天的事情是国家大事，我不敢放下不管。”说完抽出箭来在车轮上猛敲，敲掉箭头上的金属，射完剩下的箭之后就回去了。

立身行道。

引用于《陆九渊全集》卷二十四《策问》

◆ **原典**

身体发肤，受之父母，不敢毁伤，孝之始也。立身行道，扬名于后世，以显父母，孝之终也。夫孝，始于事亲，忠于事君，终于立身。

——《孝经·开宗明义章》

◆ **释义**

人的身体四肢和毛发皮肤都是父母给的，不敢予以损毁伤残，这是孝的开始。人在世上遵循仁义道德，有所建树，显扬名声于后世，从而使父母显赫荣耀，这是孝的终极目标。所谓孝，最初是从侍奉父母开始，然后效力于国君，最终建功立业，功成名就。

汝则有大疑，谋及乃心，谋及卿士，谋及庶人，谋及卜筮。

引用于《陆九渊全集》卷二十九《“天地设位……”》

◆ **原典**

汝则有大疑，谋及乃心，谋及卿士，谋及庶人，谋及卜、筮。

——《尚书·周书·洪范》

◆ **释义**

你有重大疑难，先要自己考虑，再与卿士商量，与庶民商量，最后进行卜、筮。

即鹿无虞，惟入于林中。

引用于《陆九渊全集》卷三十四《语录上》

◆ **原典**

即鹿无虞，惟入于林中。君子几，不如舍，往吝。

——《周易·屯卦》

◆ **释义**

没虞官引导就去追逐山鹿，进入茫茫森林中。君子觉察到不如舍弃，继续追赶会陷入困境。

成汤放桀于南巢，惟有惭德。

引用于《陆九渊全集》卷三十四《语录上》

◆ **原典**

成汤放桀于南巢，惟有惭德。曰：“予恐来世以台为口实。”

——《尚书·商书·仲虺之诰》

◆ **释义**

成汤放逐夏桀，让他住在南巢，心里有些惭愧。他说：“我怕后世拿我作为话柄。”

如川之方至。

引用于《陆九渊全集》卷三十五《语录下》

◆ 原典

天保定尔，以莫不兴。如山如阜，如冈如陵，如川之方至，以莫不增。

——《诗经·小雅·天保》

◆ 释义

上天保佑您安宁，没有什么不兴盛。福瑞宛如高山岭，绵延就像冈和陵，又如江河滚滚来，没有什么不日增。

臧与谷共牧羊，
而俱亡其羊。
问臧奚事？
曰博塞以游；
问谷奚事？
曰挟策读书。
其为亡羊一也。

引用于《陆九渊全集》卷三十五《语录下》

◆ **原典**

臧与谷，二人相与牧羊而俱亡其羊。问臧奚事，曰挟策读书；问谷奚事，曰博塞以游。二人者，事业不同，其于亡羊均也。

——《庄子·外篇》

◆ **释义**

臧和谷两个人一起去放羊，把羊全弄丢了。问臧干什么事情去了，说是拿着竹简读书；问谷干什么事情去了，说是和别人投骰子游戏。他们两个人干的事情不同，但在丢失羊这件事上却是相同的。

第六章　劝学篇

学而不厌。

引用于《陆九渊全集》卷一《与邵叔谊》

◆ 原典

子曰："默而识之，学而不厌，诲人不倦，何有于我哉？"

——《论语·述而》

◆ 释义

孔子说："默默地记住（所学的知识），学习不觉得满足，教人不知道疲倦，对我来说，还有什么遗憾呢？"

好学近乎知。

引用于《陆九渊全集》卷三十二《拾遗》

◆ **原典**

好学近乎知，力行近乎仁，知耻近乎勇。

——《中庸》

◆ **释义**

爱好学习就接近了智慧，努力实践就接近了仁德，知道羞耻就接近了勇敢。

未见其止。

引用于《陆九渊全集》卷五《与高应朝》

◆ **原典**

子谓颜渊曰："惜乎！吾见其进也，未见其止也。"

——《论语·子罕》

◆ **释义**

孔子评价颜渊说："可惜呀！我看见他不断前进呀，没看见他停止过哟。"

吾有知乎哉。

引用于《陆九渊全集》卷十二《与张辅之》

◆ **原典**

子曰："吾有知乎哉？无知也。有鄙夫问于我，空空如也。我叩其两端而竭焉。"

——《论语·子罕》

◆ **释义**

孔子说："我有知识吗？其实没有知识。有一个乡下人向我提问，（我脑子里）一片空白。我是从问题的正反两方面去问，这样对此问题就可以全部搞清楚了。"

多学而识之。

引用于《陆九渊全集》卷一《与曾宅之》

◆ 原典

子曰："赐也，女以予为多学而识之者与?"对曰："然。非与?"曰："非也。予一以贯之。"

——《论语·卫灵公》

◆ 释义

孔子对子贡说："赐呀，你以为我是学得多了才记住它的吗?"子贡回答说："是的，难道不是这样吗?"孔子说："不是的，我是用一个基本观念把它们贯穿起来的。"

吾尝终日不食，终夜不寝以思，无益，不如学也。

引用于《陆九渊全集》卷二《与王顺伯》

◆ **原典**

子曰："吾尝终日不食，终夜不寝以思，无益，不如学也。"

——《论语·卫灵公》

◆ **释义**

孔子说："我曾经整天不吃饭，彻夜不睡觉，去左思右想，结果没有什么进步，还不如去学习。"

我非生而知之者，好古，敏以求之者也。

引用于《陆九渊全集》卷一《与李省干》

◆ **原典**

子曰：“我非生而知之者，好古，敏以求之者也。”

——《论语·述而》

◆ **释义**

孔子说：“我不是生来知道这些的，是爱好古代的东西，勤奋敏捷地追求知识的啊。”

我学不厌而教不倦。

引用于《陆九渊全集》卷二《与王顺伯》

◆ **原典**

孔子曰："圣则吾不能，我学不厌而教不倦也。"

——《孟子·公孙丑上》

◆ **释义**

孔子说："我不能算是圣人啊，我只是学习不知道满足，教育人不知道疲倦。"

尽信《书》，则不如无《书》。

引用于《陆九渊全集》卷二《与朱元晦》

◆ **原典**

孟子曰：“尽信《书》，则不如无《书》。吾于《武成》，取二三策而已矣。仁人无敌于天下，以至仁伐至不仁，而何其血之流杵也？”

——《孟子·尽心下》

◆ **释义**

孟子说：“完全相信《尚书》，那还不如没有《尚书》。我对于《武成》篇的文字，只取用两三卷罢了。仁人是无敌于天下的，以周武王那样极仁道的人讨伐商纣王那样极不仁道的人，怎么会有血流把木棒漂起来的事呢？”

子路使子羔为费宰，子曰：『贼夫人之子。』

引用于《陆九渊全集》卷三十四《语录上》

◆ **原典**

子路使子羔为费宰。子曰："贼夫人之子。"子路曰："有民人焉，有社稷焉，何必读书，然后为学？"子曰："是故恶夫佞者。"

——《论语·先进》

◆ **释义**

子路让子羔去做费地的长官。孔子说："这是坑害别人的儿子。"子路说："那个地方有老百姓，有社稷，治理百姓和祭祀神灵都是学习，难道一定要读书才算学习吗？"孔子说："所以我讨厌那种花言巧语的人。"

夫人幼而学之，壮而欲行之。

引用于《陆九渊全集》卷三十四《语录上》

◆ 原典

孟子曰：“夫人幼而学之，壮而欲行之。王曰‘姑舍女所学而从我’，则何如？今有璞玉于此，虽万镒，必使玉人雕琢之。至于治国家，则曰‘姑舍女所学而从我’。则何以异于教玉人雕琢哉？”

——《孟子·梁惠王下》

◆ 释义

孟子说：“人从小学习治国之道，长大后希望能在实践中运用它。大王说‘暂时放下你所学的知识，按我说的去办吧’，怎么样？现在有一块未经雕琢过的玉石在这里，即使值二十万两银子，一定得请玉匠去雕琢它。谈到治理国家，却说‘暂时放下你所学的知识，按我说的去办吧’。这跟要玉匠按您的想法去雕琢玉石又有什么不同呢？”

学如不及。

引用于《陆九渊全集》卷六《与傅圣谟》

◆ 原典

子曰："学如不及，犹恐失之。"

——《论语·泰伯》

◆ 释义

孔子说："学习生怕赶不上，学到了还唯恐会丢失了。"

问之弗知，弗措。辨之弗明，弗措。

引用于《陆九渊全集》卷四《与刘淳叟》

◆ 原典

有弗学，学之弗能，弗措也；有弗问，问之弗知，弗措也；有弗思，思之弗得，弗措也；有弗辨，辨之弗明，弗措也；有弗行，行之弗笃，弗措也。

——《中庸》

◆ 释义

要么不学，学了没有学会决不罢休；要么不问，问了没有弄懂决不罢休；要么不想，想了没有想通决不罢休；要么不分辨，分辨了没有明确决不罢休；要么不实行，实行了没有成效决不罢休。

以能问于不能，
以多问于寡。

引用于《陆九渊全集》卷三《与曹立之》

◆ **原典**

曾子曰："以能问于不能，以多问于寡；有若无，实若虚，犯而不校，昔者吾友尝从事于斯矣。"

——《论语·泰伯》

◆ **释义**

曾子说："有能力的人向没有能力的人请教，知识丰富的人向知识贫乏的人请教；有学问的表现出没有学问，知识充实却好像空虚，被人冒犯也不计较，以前我有个学友就曾经这样做过。"

束书不观，游谈无根。

引用于《陆九渊全集》卷三十四《语录上》

◆ **原典**

而后生科举之士，皆束书不观，游谈无根。此又何也？

——苏轼《李氏山房藏书记》

◆ **释义**

后来参加科举考试的人，都捆起书简不读，无根据地信口乱说。这是什么道理呢？

颂其诗，读其书，不知其人，可乎？

引用于《陆九渊全集》卷七《与吴仲良》

◆ **原典**

颂其诗，读其书，不知其人，可乎？是以论其世也。

——《孟子·万章下》

◆ **释义**

吟咏他们作的诗，读他们著的书，不知道他们的为人，行吗？因此要研究他们所处的时代啊。

回非助我。

引用于《陆九渊全集》卷三《与曹立之》

◆ **原典**

子曰："回也，非助我者也，于吾言无所不说。"

——《论语·先进》

◆ **释义**

孔子说道："颜回啊，不是对我有帮助的人，因为他对我说的话无不心悦诚服。"

起予者商。

引用于《陆九渊全集》卷三《与曹立之》

◆ 原典

子曰："起予者商也，始可与言《诗》已矣。"

——《论语·八佾》

◆ 释义

孔子说："能启发我的人是卜商（字子夏），现在可以同你讨论《诗经》了。"

吾末如之何也已矣。

引用于《陆九渊全集》卷三十四《语录上》

◆ **原典**

子曰："不曰'如之何，如之何'者，吾末如之何也已矣。"

——《论语·卫灵公》

◆ **释义**

孔子说："不说'怎么办，怎么办'的人，我对他也不知道该怎么办了。"

再三渎，渎则不告。

引用于《陆九渊全集》卷三十五《语录下》

◆ **原典**

匪我求童蒙，童蒙求我，初筮告，再三渎，渎则不告。

——《周易·蒙卦》

◆ **释义**

不是我有求于幼童，而是幼童有求于我，第一次向我请教，要回答，再三没有礼貌地问，这样态度轻慢则不予回答。

优而柔之，
使自求之，
餍而饫之，
使自趋之。
若江海之浸，
膏泽之润，
涣然冰释，
怡然理顺，
然后为得也。

引用于《陆九渊全集》卷三十五《语录下》

◆ **原典**

优而柔之，使自求之，餍而饫之，使自趋之。若江海之浸，膏泽之润，涣然冰释，怡然理顺，然后为得也。

——《春秋（左氏传）序》

◆ **释义**

宽厚地教他知道什么是柔和，让他自己主动求知；吃多了让他知道什么是饱，让他自己离开筵席不再吃（慢慢消化）。《春秋》就像江海被水浸漫、肥沃的湖泽被水滋润一样，使人的疑虑困惑如冰遇热消融般尽释，让人在自然逸乐中学习正确的道理，然后就会掌握这些知识。

视其庭可以搏鼠，
乌能与我歌乎？

引用于《陆九渊全集》卷三《与童伯虞》

◆ 原典

自古至今，未尝有两而能精者也。曾子曰：“是①其庭②可以搏鼠，恶能与我歌乎？”

——《荀子·解蔽》

◆ 释义

从古至今，还没有过一心二用而能专精的人。曾子说：“看着那打节拍的小竹棍而心里想着可以用它来打老鼠，又怎么能与我一起唱歌呢？”

① 是：通“视”。
② 庭：通“莛”，小竹棍。

毫发无遗恨，
波澜独老成。

引用于《陆九渊全集》卷三十六《年谱》

◆ **原典**

毫发无遗恨，波澜独老成。

——杜甫《敬赠郑谏议十韵》

◆ **释义**

没有丝毫遗憾，文章波澜起伏气势雄壮，语句难得这样老练。

学不躐等。

引用于《陆九渊全集》卷二十四《策问》

◆ 原典

幼者听而弗问，学不躐等也。

——《礼记·学记》

◆ 释义

小孩子听讲的时候不要发问，学习不能超越次序。

时敏，厥修。

引用于《陆九渊全集》卷三十二《策》

◆ **原典**

敬孙务时敏，厥修乃来。

——《礼记·学记》

◆ **释义**

恭敬谦逊，时时刻刻敏捷地求学，在学业上就能有所成就。

如切如磋者，道学也；如琢如磨者，自修也。

引用于《陆九渊全集》卷三十四《语录上》

◆ 原典

如切如磋者，道学也；如琢如磨者，自修也。

——《大学》

◆ 释义

如加工骨器，不断切磋；如打磨美玉，反复琢磨。分别指做学问的态度和自我修炼的精神。

性与天道不可得而闻。

引用于《陆九渊全集》卷三十四《语录上》

◆ **原典**

子贡曰："夫子之文章可得而闻也，夫子之言性与天道不可得而闻也。"

——《论语·公冶长》

◆ **释义**

子贡说："老师讲授礼、乐、诗、书的知识，经常可以听到；老师讲授人性和天道的理论，很难得听到。"

人而不为《周南》《召南》，其犹正墙面而立也。

引用于《陆九渊全集》卷三十五《语录下》

◆ **原典**

子谓伯鱼曰："女为《周南》《召南》矣乎？人而不为《周南》《召南》，其犹正墙面而立也与？"

——《论语·阳货》

◆ **释义**

孔子对儿子伯鱼说："你研究过《周南》和《召南》吗？人如果不深入研读《周南》《召南》，那就如同迎着墙面站立（没有见识，无法进步）了啊。"

以通天下之志，
以定天下之业，
以断天下之疑。

引用于《陆九渊全集》卷十五《与吴斗南》

◆ **原典**

子曰：“夫《易》何为者也？夫《易》开物成务，冒天下之道，如斯而已者也。”是故，圣人以通天下之志，以定天下之业，以断天下之疑。

——《周易·系辞上》

◆ **释义**

孔子说：“《周易》是用来做什么的呢？《周易》是开启智慧，成就事业，包藏天下一切道理，如此而已的一门学问。所以，圣人通过《周易》来与天下人的心志相贯通，用《周易》来创立天下的事业，用《周易》来决断天下的问题。”

无有师保，
如临父母。

引用于《陆九渊全集》卷十二《与赵咏道》

◆ **原典**

无有师保，如临父母。

——《周易·系辞下》

◆ **释义**

人到了一定的年龄没有了父母和老师的教导。但是经常读《周易》就像见到父母和老师一样。

言之重，辞之复，其中必有大美者焉。

引用于《陆九渊全集》卷三十《孝文大功数十论》

◆ **原典**

孔子曰："书之重，辞之复。呜呼！不可不察也，其中必有美者焉。"

——董仲舒《春秋繁露·祭义》

◆ **释义**

孔子说："书中重复，用辞反反复复。哎呀！不可不辨识清楚啊！其中一定有美好的意义。"

自得。

引用于《陆九渊全集》卷四《与刘淳叟》

◆ 原典

孟子曰："君子深造之以道，欲其自得之也。自得之则居之安，居之安则资之深，资之深则取之左右逢其源。故君子欲自得之也。"

——《孟子·离娄下》

◆ 释义

孟子说："君子遵循一定的方法来加深造诣，是希望自己有所收获。自己有所收获，就能够掌握牢固；掌握得牢固，就能够积累深厚；积累得深厚，用起来就能够左右逢源。所以，君子总是希望自己有所收获。"

务学不如务求师。师者，人之模范也。模不模，范不范，为不少矣。

引用于《陆九渊全集》卷四《与符舜功》

◆ **原典**

师哉！师哉！桐子之命也。务学不如务求师。师者，人之模范也。模不模，范不范，为不少矣。一哄之市，不胜异意焉；一卷之书，不胜异说焉。一哄之市，必立之平；一卷之书，必立之师。

——扬雄《法言·学行》

◆ **释义**

老师啊！老师啊！是童子的性命哦！努力学习不如努力求师。教师，是人们学习的榜样。该仿效的不仿效，该作为榜样的，不作为榜样，这种现象不算少了。一条巷内的小市场，有各种不同的价格；一卷书之中，也有各种各样的学说。一条巷内的市场，必须有平价人确定公平的价格；读一卷书，也必须有老师引导、指点。

小子何莫学夫《诗》。

引用于《陆九渊全集》卷二十四《策问》

◆ 原典

子曰："小子何莫学夫《诗》。《诗》，可以兴，可以观，可以群，可以怨。迩之事父，远之事君；多识于鸟兽草木之名。"

——《论语·阳货》

◆ 释义

孔子说："学生们为什么不学习《诗经》呢？学《诗经》可以激发志气，可以观察天地万物及人间的盛衰与得失，可以使人懂得合群的必要，可以使人懂得怎样去讽谏上级。近可以用来侍奉父母，远可以侍奉君主；还可以多知道一些鸟兽草木的名字。"

终日不违，如愚，
退而省其私，
亦足以发。
回也，
不愚。

引用于《陆九渊全集》卷二十四《策问》

◆ **原典**

子曰：“吾与回言，终日不违，如愚。退而省其私，亦足以发。回也，不愚。”

——《论语·为政》

◆ **释义**

孔子说：“我给颜回讲学，他从来不提反对意见和疑问，像个蠢人。等他退下之后，我考察他私下的言论，发现他对我所讲授的内容有所发挥，可见颜回其实并不蠢。”

为学逊志。

引用于《陆九渊全集》卷二十四《策问》

◆ **原典**

惟学逊志，务时敏，厥修乃来。

——《尚书·商书·说命下》

◆ **释义**

学习要心志谦逊，务必时刻努力，所学才能增长。

博学之，审问之，谨思之，明辨之，笃行之。

引用于《陆九渊全集》卷三十四《语录上》

◆ 原典

博学之，审问之，慎思之，明辨之，笃行之。

——《中庸》

◆ 释义

要博学多才，就要对学问详细地询问，彻底搞懂，要慎重地思考，要明白地辨别，要切实地力行。

愿学。

引用于《陆九渊全集》卷三《与张辅之》

◆ **原典**

“赤，尔如何?”对曰：“非曰能之，愿学焉。宗庙之事，如会同，端章甫，愿为小相焉。”

——《论语·先进》

◆ **释义**

“赤啊，你怎么样呢?”公孙西回答说：“不敢说我能这样做，只是想学习罢了。宗庙的事，或者诸侯相会见，我穿上玄端服、戴上章甫帽，愿意当一个小小的司仪。”

第七章　为政篇

所过者化，所存者神，上下与天地同流，岂曰小补之哉？

引用于《陆九渊全集》卷一《与赵监》

◆ **原典**

孟子曰："霸者之民驩虞如也，王者之民皞皞如也。杀之而不怨，利之而不庸，民日迁善而不知为之者。夫君子所过者化，所存者神，上下与天地同流，岂曰小补之哉？"

——《孟子·尽心上》

◆ **释义**

孟子说："霸主的功业显著，百姓很快乐；圣王的功德浩荡，百姓怡然自得。他们即使被杀，也不会怨恨谁；得到恩惠，也不会酬谢谁；百姓一天天向善，却不知是谁使他们这样的。圣人所经过的地方，百姓会受到感化；圣人停留之处，会产生神奇的效果，上下与天地的德行相匹配。难道只是小小的补益吗？"

宿道乡方。

引用于《陆九渊全集》卷二十《示象山学者》

◆ **原典**

若夫论一相以兼率之，使臣下百吏莫不宿道乡方而务，是夫人主之职也。

——《荀子·王霸》

◆ **释义**

至于选择一位宰相去领导群臣，使臣下百官没有一个不持守道义而完成事业，这是君主的职责。

民为贵，社稷次之，君为轻。

引用于《陆九渊全集》卷二十三《大学春秋讲义》

◆ **原典**

孟子曰："民为贵，社稷次之，君为轻。"

——《孟子·尽心下》。

◆ **释义**

孟子说："百姓最为重要，国家其次，国君为轻。"

德惟善政，
政在养民。

引用于《陆九渊全集》卷二十二《杂说》

◆ **原典**

禹曰："於！帝念哉！德惟善政，政在养民。水、火、金、木、土、谷，惟修；正德、利用、厚生，惟和。九功惟叙，九叙惟歌。戒之用休，董之用威，劝之以九歌俾勿坏。"

——《尚书·虞书·大禹谟》

◆ **释义**

禹说："啊！帝要深念呀！帝德应当使政治美好，政治在于养民。水、火、金、木、土、谷六种生活资料应当治理，正德、利用、厚生三件利民的事应当配合，这九件事应当理顺，九事理顺了应当歌颂。又用休庆规劝人民，用威罚监督人民，用九歌勉励人民，人民就可以顺从而政事就不会败坏了。"

不以智治国，国之福。

引用于《陆九渊全集》卷二《与王顺伯》

◆ 原典

古之善为道者，非以明民，将以愚之。民之难治，以其智多。故以智治国，国之贼；不以智治国，国之福。

——《道德经》

◆ 释义

古代善于为道的人，不是教导人民知晓智巧伪诈，而是教导人民淳厚朴实。人们之所以难于统治，是因为他们使用太多的智巧心机。所以用智巧心机治理国家，就必然会危害国家，不用智巧心机治理国家，才是国家的幸福。

治大国，若烹小鲜。

引用于《陆九渊全集》卷二《与王顺伯》

◆ **原典**

治大国，若烹小鲜。以道莅天下，其鬼不神。非其鬼不神，其神不伤人。非其神不伤人，圣人亦不伤人。夫两不相伤，故德交归焉。

——《道德经》

◆ **释义**

治理大国，好像煎炸小鱼（的技巧）。用“道”治理天下，鬼神起不了作用，不是鬼不起作用，而是鬼怪的作用伤不了人。不但鬼的作用伤害不了人，圣人有道也不会伤害人。这样，鬼神和有道的圣人都不伤害人，所以，就可以让人民享受到德的恩泽。

天生民而立之君，使司牧之。

引用于《陆九渊全集》卷五《与徐子宜》

◆ **原典**

夫天生民而立之君，使司牧之，勿使失性。

——《左传·襄公十四年》

◆ **释义**

上苍生育百姓而拥立他们的国君，国君来管理教化他们，而不是让国君来祸乱一个国家使百姓失去本性。

百姓足，君孰与不足。

引用于《陆九渊全集》卷八《与宋漕》

◆ **原典**

哀公问于有若曰："年饥，用不足，如之何？"有若对曰："盍彻乎？"曰："二，吾犹不足，如之何其彻也？"对曰："百姓足，君孰与不足？百姓不足，君孰与足？"

——《论语·颜渊》

◆ **释义**

鲁哀公问有若说："遭了饥荒，国家用度困难，怎么办？"有若回答说："为什么不实行彻法，只抽十分之一的田税呢？"哀公说："现在抽十分之二，我还不够，怎么能实行彻法呢？"有若说："百姓的用度够，您怎么会不够呢？如果百姓的用度不够，您又怎么会够呢？"

损下益上。

引用于《陆九渊全集》卷五《与赵子直》

◆ **原典**

损下益上，其道上行。

——《周易·损卦》

◆ **释义**

减少老百姓的利益，以增加当官的利益，是逆其道以上行。

损上益下。

引用于《陆九渊全集》卷五《与赵子直》

◆ **原典**

损上益下，民悦无疆。自上下下，其道大光。

——《周易·益卦》

◆ **释义**

减少当官的利益，以增加老百姓的利益，使老百姓无穷快乐。由上而下，使人民受益，使其道义大放光芒。

无君子莫治野人，
无野人莫养君子。

引用于《陆九渊全集》卷八《与苏宰》

◆ **原典**

夫滕壤地褊小，将为君子焉，将为野人焉。无君子莫治野人，无野人莫养君子。

——《孟子·滕文公上》

◆ **释义**

而滕国虽然土地狭小，但一样要有官员，一样要有在田野里耕田的农民。没有官员，就没有办法管理农民；没有农民，也就没有办法养活官员。

民惟邦本。

引用于《陆九渊全集》卷五《与徐子宜》

◆ 原典

民可近，不可下。民惟邦本，本固邦宁。

——《尚书·夏书·五子之歌》

◆ 释义

老百姓可以亲近而不可看轻。老百姓是国家的根本，根本稳固了，国家也就安宁了。

渊渊其渊，
浩浩其天。

引用于《陆九渊全集》卷五《与戴少望》

◆ **原典**

唯天下至诚，为能经纶天下之大经，立天下之大本，知天地之化育。夫焉有所倚？肫肫其仁，渊渊其渊，浩浩其天。苟不固聪明圣知达天德者，其孰能知之？

——《中庸》

◆ **释义**

只有对天下百姓真诚，才能成为治理天下的崇高典范，才能树立天下的根本法则，掌握天地化育万物的深刻道理，这需要什么依靠呢？他的仁心那样诚挚，他的思虑像潭水那样幽深，他的美德像苍天那样广阔。如果不真是聪明智慧，通达天赋美德的人，还有谁能知道天下地地道道的真诚呢？

与其杀不辜，
宁失不经。

引用于《陆九渊全集》卷五《与辛幼安》

◆ **原典**

罪疑惟轻，功疑惟重。与其杀不辜，宁失不经。

——《尚书·虞书·大禹谟》

◆ **释义**

罪行轻重有可疑时，宁可从轻处置；功劳大小有疑处，宁可从重奖赏。与其错杀无辜的人，宁可犯执法失误的过失。

化而裁之谓之变，推而行之谓之通，举而措之天下之民谓之事业。

引用于《陆九渊全集》卷三十六《年谱·论传道》

◆ 原典

化而裁之谓之变，推而行之谓之通，举而错之天下之民谓之事业。

——《周易·系辞上》

◆ 释义

能感化、转变人心的叫做“变”，经推行能够传抄的叫做“通”，将这些道理留给天下百姓使用，叫做“事业”。

不识不知，
顺帝之则。

引用于《陆九渊全集》卷一《与赵监》

◆ 原典

立我臣民，莫匪尔极。不识不知，顺帝之则。

——《康衢谣》

◆ 释义

养育了广大百姓，没有哪个比得上您的大恩大德。（百姓）不投机、不取巧，顺乎自然法则。

为治不在多言，顾力行何如耳。

引用于《陆九渊全集》卷四《与刘淳叟》

◆ **原典**

天子问治乱之事，申公时已八十余，老，对曰："为治者不在多言，顾力行何如耳。"

——《史记·儒林列传》

◆ **释义**

皇上询问有关治理国家的事情，这时申培已经八十多岁了，人老了，他回答说："治理国家的人不在于多说话，而是要看他是怎样努力去做的。"

德之流行速于置邮而传命。

引用于《陆九渊全集》卷二十四《策问》

◆ **原典**

夫子曰："德之流行速于置邮而传命。"

——《孟子·公孙丑上》

◆ **释义**

孔子说："德政的流行比驿站传递政令还要迅速。"

道二，仁与不仁而已矣。

引用于《陆九渊全集》卷一《与曾宅之》

◆ 原典

孟子曰："欲为君，尽君道；欲为臣，尽臣道。二者皆法尧舜而已矣。不以舜之所以事尧事君，不敬其君者也；不以尧之所以治民，贼其民者也。孔子曰'道二，仁与不仁而已矣'。暴其民甚，则身弑国亡；不甚，则身危国削。"

——《孟子·离娄上》

◆ 释义

孟子说："想成为好君主，就要具备做君主的基本素质并尽职尽责；想成为好臣子，就要具备做臣子的基本素质并尽职尽责。二者都效法尧舜就行了。不用舜侍奉尧的态度来侍奉君主，就是不敬重他的君主；不用尧治理百姓的方法来治理百姓，就是残害他的百姓。孔子说'道路只有两条，仁和不仁罢了'。对百姓残暴太厉害，就会自身被杀、国家灭亡；即使不太厉害，也会自身危险、国家削弱。"

君不君，臣不臣，父不父，子不子。

引用于《陆九渊全集》卷二《与朱元晦》

◆ 原典

齐景公问政于孔子。孔子对曰：“君君，臣臣，父父，子子。”公曰：“善哉！信如君不君，臣不臣，父不父，子不子，虽有粟，吾得而食诸？”

——《论语·颜渊》

◆ 释义

齐景公问孔子怎样治理国家。孔子说：“做君主的要像君主的样子，做臣子的要像臣子的样子，做父亲的要像父亲的样子，做儿子的要像儿子的样子。”齐景公说：“讲得好呀！如果君不像君，臣不像臣，父不像父，子不像子，即使有粮饷俸禄，我能来享用它吗？”

上失其道，
民散久矣。
如得其情，
则哀矜而勿喜。

引用于《陆九渊全集》卷十九《宜章县学记》

◆ 原典

曾子曰："上失其道，民散久矣。如得其情，则哀矜而勿喜。"

——《论语·子张》

◆ 释义

曾子说："在上位的人离开了正道，百姓早就离心离德了。你如果能弄清他们的情况，就应当怜悯他们，而不要自鸣得意。"

为政在人，
取人以身，
修身以道，
修道以仁。

引用于《陆九渊全集》卷十九《荆国王文公祠堂记》

◆ **原典**

故为政在人，取人以身，修身以道，修道以仁。

——《中庸》

◆ **释义**

施行善政要得贤臣，得贤臣必须先修正自身，修正自身必须加强自己道德品质，加强道德品质必须以仁为首。

君子之过也，
如日月之食焉。
过也，
人皆见之；
及其更也，
人皆仰之。

引用于《陆九渊全集》卷二《与朱元晦》

◆ **原典**

子贡曰：“君子之过也，如日月之食焉。过也，人皆见之；更也，人皆仰之。”

——《论语·子张》

◆ **释义**

子贡说：“君子的过错就像日食和月食一样。有了过错，人人都看得见；改正了，人人都仰望着他。”

理财正辞、禁民为非曰义。

引用于《陆九渊全集》卷八《与苏宰》

◆ 原典

天地之大德曰生，圣人之大宝曰位。何以守位曰仁。何以聚人曰财。理财正辞、禁民为非曰义。

——《周易·系辞下》

◆ 释义

自然界的最大功德是滋养万物，帝王最好的宝贝是地位。如何保住地位是用仁爱之心治国。如何聚集众人是用财物。管理财物导正言辞、禁止百姓做非法之事是合乎正义的行为。

后克艰厥后，
臣克艰厥臣。

引用于《陆九渊全集》卷十一《与王顺伯》

◆ 原典

曰若[①]稽古，大禹曰文命，敷于四海，祇承于帝。曰："后克艰厥后，臣克艰厥臣，政乃乂，黎民敏德。"

——《尚书·虞书·大禹谟》

◆ 释义

稽考古事，大禹名叫文命，他对四海进行治理之后，又敬慎地辅助帝舜。他说："君主能够克服做君主的艰难，臣下能够克服做臣下的艰难，政事就能治理，老百姓都能积极向善。"

① 曰若：发语词。

贵而无位，高而无民。

引用于《陆九渊全集》卷二十九《“庸言之信……”》

◆ 原典

子曰：“贵而无位，高而无民，贤人在下而无辅，是以动而有悔也。”

——《周易·乾卦》

◆ 释义

孔子说：“身份显贵而没有根基，地位崇高而没有人民，有才德的压抑在下层，不能获得他们的辅助，因此有所行动必招祸殃。”

隐而未见，行而未成。

引用于《陆九渊全集》卷二十九《“首出庶物之信……”》

◆ **原典**

君子以成德为行，日可见之行也。“潜”之为言也，隐而未见，行而未成，是以君子弗用也。

——《周易·乾卦》

◆ **释义**

才德出众的人要有高尚品德才能做官，做每天都能够在官场出现的官。乾卦初九的“潜”是在告诉人们，由于隐藏所以没有在官场出现，因为做官的才能还不成熟，所以才德出众的人得不到任用。

无偏无党，
王道荡荡；
无党无偏，
王道平平；
无反无侧，
王道正直。

引用于《陆九渊全集》卷三十五《语录下》

◆ **原典**

无偏无陂，遵王之义；无有作好，遵王之道；无有作恶，遵王之路。无偏无党，王道荡荡；无党无偏，王道平平；无反无侧，王道正直。

——《尚书·周书·洪范》

◆ **释义**

不偏不倚，遵从王的法则；不要有所偏爱，遵循王规定的道理；不要作恶，遵循王指出的道路；没有偏私不结私党，王的道路才能平坦；不要偏袒，没有偏心，王的道路才能平易；不要反复无常，不要偏斜不正，王的道路就会又正又直。

上天之载。

引用于《陆九渊全集》卷二《与朱元晦》

◆ **原典**

上天之载，无声无臭。

——《诗经·大雅·文王》

◆ **释义**

上苍生育天地，滋养万物，没有声音，没有气味。

见乃谓之象，
形乃谓之器。

引用于《陆九渊全集》卷三十六《年谱·论传道》

◆ **原典**

一阖一辟谓之变，往来不穷谓之通，见乃谓之象，形乃谓之器，制而用之谓之法，利用出入，民咸用之谓之神。

——《周易·系辞上》

◆ **释义**

一开一关称作变化，来往不止称作通达，了解清楚才称作道理，显露出来才称作本领，写作出来能够运用的称作法则，有利于用来谈论邦国内外事物，百姓也都应用的称作神奇。

主好要则百事详，
主好详则百事荒。

引用于《陆九渊全集》卷十八《删定官轮对札子》

◆ **原典**

主好要则百事详，主好详则百事荒。

——《荀子·王霸》

◆ **释义**

君主善于提纲挈领，那么百事都会做得十分周详；君主喜欢什么都管，那么什么事情都会荒废。

匹夫匹妇不获自尽，
民主罔与成厥功。

引用于《陆九渊全集》卷二十九《“天地设位……”》

◆ **原典**

无自广以狭人，匹夫匹妇不获自尽，民主罔与成厥功。

——《尚书·商书·咸有一德》

◆ **释义**

不要自高自大而轻视百姓，普通的男男女女不能为社会尽自己的心力，便没有人帮助君主建功立业。

吾闻之，喜而不寐。

引用于《陆九渊全集》卷十七《与张监》

◆ 原典

鲁欲使乐正子为政。孟子曰："吾闻之，喜而不寐。"公孙丑曰："乐正子强乎？"曰："否。""有知虑乎？"曰："否。""多闻识乎？"曰："否。""然则奚为喜而不寐？"曰："其为人也好善。"

——《孟子·告子下》

◆ 释义

鲁国打算让乐正子治国理政。孟子说："我听到这一消息，欢喜得睡不着觉。"公孙丑问："乐正子很有能力吗？"孟子说："不。"公孙丑问："有智慧有远见吗？"孟子说："不。"公孙丑问："见多识广吗？"孟子说："不。"公孙丑问："那您为什么高兴得睡不着觉呢？"孟子回答说："他为人喜欢听取善言。"

亦行有九德，
亦言其人有德，
乃言曰，
载采采。

引用于《陆九渊全集》卷三十四《语录上》

◆ **原典**

皋陶曰："都，亦[1]行有九德，亦言其人有德，乃言曰，载采采。"禹曰："何？"皋陶曰："宽而栗、柔而立、愿而恭、乱而敬、扰而毅、直而温、简而廉、刚而塞、强而义。彰厥有常，吉哉！"

——《尚书·虞书·皋陶谟》

◆ **释义**

皋陶说："啊！检验人的行为有九种美德。检验言论，如果那个人有德，就要说，拿出一件件事实来证明。"禹问："什么呢？"皋陶说："宽厚而庄重，温和而有主见，讲原则而谦逊有礼，聪明能干而敬业，善于变通而有毅力，正直而友善，直率而有节制，刚强而务实，勇敢而符合道义。明察和掌握九德的特征是为政的良策。"

① 亦：通"迹"，检验的意思。

在知人，在安民。

引用于《陆九渊全集》卷四《与刘淳叟》

◆ 原典

皋陶曰："都！在知人，在安民。"禹曰："吁！咸若是，惟帝其难之。"

——《尚书·虞书·皋陶谟》

◆ 释义

皋陶说："啊！重要的还在于知人善任，在于安定民心。"禹说："唉！要是完全做到这些，连尧帝也会感到困难啊！"

子为政，焉用杀？
子欲善而民善矣。

引用于《陆九渊全集》卷二十四《策问》

◆ **原典**

季康子问政于孔子曰："如杀无道以就有道，何如？"孔子对曰："子为政，焉用杀？子欲善而民善矣。君子之德风，小人之德草，草上之风必偃。"

——《论语·颜渊》

◆ **释义**

季康子问孔子如何治理政事，说："如果杀掉无道的人来成全有道的人，怎么样？"孔子说："您治理政事，哪里用得着杀戮的手段呢？您只要想行善，老百姓就会跟着行善。在位者的品德好比风，在下的人的品德好比草，风吹到草上，草就必定跟着倒。"

长君之恶其罪小，
逢君之恶其罪大。

引用于《陆九渊全集》卷三十《孝文大功数十论》

◆ **原典**

长君之恶其罪小，逢君之恶其罪大。

——《孟子·告子下》

◆ **释义**

助长君主的恶行，臣属的罪过轻；迎合君主的罪行，引他去干坏事，臣属的罪过重。

责难于君谓之恭。

引用于《陆九渊全集》卷十一《与王顺伯》

◆ 原典

故曰：责难于君谓之恭，陈善闭邪谓之敬，吾君不能谓之贼。

——《孟子·离娄上》

◆ 释义

所以说，责求君王施行仁政叫做恭敬；向君王陈述好的意见，堵塞他的邪念，叫做尊重；认为君王不能行善（而不规劝），这叫坑害君王。

遇灾而惧，侧身修行。

引用于《陆九渊全集》卷二十三《大学春秋讲义》

◆ **原典**

宣王承厉王之烈，内有拨乱之志，遇灾而惧，侧身修行，欲销去之。

——《毛诗序》

◆ **释义**

宣王继承了他父亲厉王衰乱的余政，内心立志要治理乱世，遇见灾祸时很恐惧，心里不安时加强自身道德修养，决心铲除国家弊病。

笃恭而天下平。

引用于《陆九渊全集》卷三十一《问唐取民制兵建官》

◆ **原典**

《诗》曰："不显①惟德，百辟其刑之。"是故君子笃恭而天下平。

——《中庸》

◆ **释义**

《诗经》说："大大地发扬美好德行，诸侯百官就会齐力效仿。"所以，君子笃实恭敬就能使天下太平。

① 不显："不"通"丕"，"不显"即大显。

制治于未乱，保邦于未危。

引用于《陆九渊全集》卷十二《与赵咏道》

◆ 原典

王曰："若昔大猷，制治于未乱，保邦于未危。"

——《尚书·周书·周官》

◆ 释义

周成王说："如果遵循古代盛世经验，控制社会秩序在没有发生动乱之时，保护国家安全在没有发生危机之时。"

固国不以山溪之险，
威天下不以兵革之利。

引用于《陆九渊全集》卷二十四《策问》

◆ **原典**

域民不以封疆之界，固国不以山溪之险，威天下不以兵革之利。

——《孟子·公孙丑下》

◆ **释义**

管理百姓不能靠疆域的界限而控制迁到别国去，巩固国家不凭山高河宽的险要，树立威势不凭武器锋利。

仁者无敌。

引用于《陆九渊全集》卷二十四《策问》

◆ **原典**

仁者无敌。

——《孟子·梁惠王上》

◆ **释义**

施行仁政的君王没有谁能战胜他。

罚弗及嗣。

引用于《陆九渊全集》卷三十《政之宽猛孰先论》

◆ 原典

临下以简，御众以宽，罚弗及嗣，赏延于世。

——《尚书·虞书·大禹谟》

◆ 释义

对下边的要求简明扼要，治理民众非常宽大；刑罚不牵连子女，而奖赏却延及后世。

任德不任刑。

引用于《陆九渊全集》卷三十《政之宽猛孰先论》

◆ **原典**

以此见天之任德不任刑也。

——《汉书·董仲舒传》

◆ **释义**

由此可以看出，天是任用德教，不任用刑罚的。

殷人执五刑以督奸，伤肌肤以惩恶。

引用于《陆九渊全集》卷三十《政之宽猛孰先论》

◆ 原典

殷人执五刑以督奸，伤肌肤以惩恶。成、康不式，四十余年天下不犯，囹圄空虚。秦国用之，死者甚众，刑者相望，秏矣哀哉！

——《汉书·董仲舒传》

◆ 释义

殷朝人制定五种刑法来防止奸诈，用毁伤身体的办法来惩戒邪恶。可是周成王和周康王放弃这些刑法，四十多年天下也没有犯法的，监狱空空荡荡。秦国使用这些刑法，杀死的人很多，受刑的人接连不断，天下空虚，人口减少，真可哀呀！

宽以济猛，猛以济宽。

引用于《陆九渊全集》卷三十《政之宽猛孰先论》

◆ 原典

政宽则民慢，慢则纠之以猛；猛则民残，残则施之以宽。宽以济猛，猛以济宽，政是以和。

——《左传·昭公二十年》

◆ 释义

政策宽大了人民就会轻忽，轻忽了就要用严厉的政策来纠正；政策严厉人民就会受到伤害，受到伤害了就要改行宽大的政策。用宽大辅助严厉，用严厉辅助宽大，这样政治就能平和。

有仁心仁闻，
而民不被其泽。

引用于《陆九渊全集》卷三十《政之宽猛孰先论》

◆ **原典**

今有仁心仁闻，而民不被其泽，不可法于后世者，不行先王之道也。

——《孟子·离娄上》

◆ **释义**

现在有了仁爱之心和仁爱的名声，百姓却没有受到他的恩泽，不能被后世效法，是因为他没有实行先王之道。

惟尹躬暨汤，
咸有一德。

引用于《陆九渊全集》卷三十四《语录上》

◆ **原典**

惟尹躬暨汤，咸有一德，克享天心，受天明命，以有九有之师，爰革夏正。非天私我有商，惟天佑于一德；非商求于下民，惟民归于一德。德惟一，动罔不吉；德二三，动罔不凶。惟吉凶不僭在人，惟天降灾祥在德。

——《尚书·商书·咸有一德》

◆ **释义**

只有伊尹自身和成汤都有纯一之德，能合天心，接受上天的明教，因此拥有九州的民众，于是革除了夏王的虐政。这不是上天偏爱我们商家，而是上天佑助纯德的人；不是商家求请于民，而是人民归向纯德的人。德纯一，行动起来无不吉利；德不纯一，行动起来无不凶险。吉和凶不出差错虽然在人，上天降灾降福却在于德啊！

常胜之道曰柔。

引用于《陆九渊全集》卷三十《“常胜之道曰柔”论》

◆ 原典

天下有常胜之道，有不常胜之道。常胜之道曰柔，常不胜之道曰强。二者亦知，而人未之知。故上古之言：强，先不己若者；柔，先出于己者。先不己若者，至于若己，则殆矣。先出于己者，亡所殆矣。以此胜一身若徒，以此任天下若徒。谓不胜而自胜，不任而自任也。

——《列子·黄帝》

◆ 释义

天下有经常取胜的方法，有经常不能取胜的方法。经常取胜的方法叫做柔弱，经常不能取胜的方法叫做刚强。二者容易明白，但人们却不懂得。所以上古时的话说：刚强可以战胜力量不如自己的人，柔弱可以战胜力量超过自己的人。可以战胜力量不如自己的，一旦碰到力量与自己相当的人，那就危险了；可以战胜力量超过自己的，就没有危险了。以柔弱战胜一个人，会像什么也没有干一样；以柔弱统治天下人，也会像什么也没有干一样。这叫做不想取胜而自然取胜，不想统治而自然统治。

宥过无大，
刑故无小。

引用于《陆九渊全集》卷五《与辛幼安》

◆ **原典**

宥过无大，刑故无小，帝者之政也。

——《尚书·虞书·大禹谟》

◆ **释义**

不要因为过错很大该宽恕的就不宽恕，也不要以为过错很小该处罚的就不处罚，这才是帝王行政的方式。

惟器与名不可以假人。

引用于《陆九渊全集》卷三十四《语录上》

◆ 原典

仲尼闻之曰："惜也，不如多与之邑。唯器与名不可以假人，君之所司也。名以出信，信以守器。"

——《左传·成公·成公二年》

◆ 释义

孔子当时听说了这件事，说："可惜啊！不如多给他些封地。唯有礼器与爵位不能借给他人，应由君主掌管。爵位名号是使人们产生信赖的标志，在上位的人使人信赖，才能保享车服之器。"

鸟兽不可与同群，吾非斯人之徒与而谁与？

引用于《陆九渊全集》卷一《与邓文范》

◆ **原典**

鸟兽不可与同群，吾非斯人之徒与而谁与？天下有道，丘不与易也。

——《论语·微子》

◆ **释义**

人是不可能与鸟兽在一起生活交往的，我不与世上的人群打交道还能与谁打交道？国家政治清明，我孔丘就用不着来参与变革了！

奏假无言，
时靡有争。

引用于《陆九渊全集》卷十四《与包敏道》

◆ **原典**

《诗》曰："奏假无言，时靡有争。"是故君子不赏而民劝，不怒而民威于鈇钺。

——《中庸》

◆ **释义**

《诗经》说："默默无声地祈祷，现在不再有纷争。"所以，君子不用赏赐老百姓，而老百姓自会努力；不用发怒，老百姓就会像看到刀斧刑具一样畏惧。

风以动之，教以化之。

引用于《陆九渊全集》卷三十五《语录下》

◆ **原典**

“风”，风也，教也。风以动之，教以化之。

——《毛诗序·关雎》

◆ **释义**

《国风》的“风”是讽喻的意思，是教育的意思；讽喻能打动百姓，教育能感化大众。

齐王犹反手耳。

引用于《陆九渊全集》卷二十四《策问》

◆ **原典**

曰："以齐王，犹反手也。"

——《孟子·公孙丑上》

◆ **释义**

孟子说："以齐国的实力用王道来统一天下，易如反掌。"

舜好问而好察迩言，隐恶而扬善。

引用于《陆九渊全集》卷二十九《“庸言之信……”》

◆ **原典**

子曰：“舜其大知也与！舜好问而好察迩言，隐恶而扬善。执其两端，用其中于民。其斯以为舜乎！”

——《中庸》

◆ **释义**

孔子说：“舜可真是具有大智慧的人啊！舜喜欢向人问问题又善于分析别人浅近话语里的含义，隐藏人家的坏处，宣扬人家的好处。过与不及两端的意见他都掌握，采纳适中的用于老百姓。这就是舜之所以为舜的地方吧！”

使民宜之。

引用于《陆九渊全集》卷二十九《“使民宜之”》

◆ **原典**

神农氏没，黄帝、尧、舜氏作，通其变，使民不倦，神而化之，使民宜之。

——《周易·系辞下》

◆ **释义**

神农氏死后，黄帝、尧、舜氏兴起，随着时代不断改变，通达其变化，使百姓生活不至于死板而产生厌倦的心思，让人民过上安定的生活。

庶人谤于道，商旅议于市。

引用于《陆九渊全集》卷二十四《策问》

◆ **原典**

庶人谤于道，商旅议于市，然后君得闻其过失也。闻其过失而改之，见义而从之，所以永有天下也。

——《汉书·传·贾邹枚路传》

◆ **释义**

平民在路上指责君主的过错，商人在市上议论君主的失误，然后君主才能听到自己的过失。听到自己的过失就加以改正，择善而从，这样就能长久地统治天下。

学古入官。

引用于《陆九渊全集》卷二十四《策问》

◆ **原典**

学古入官，议事以制，政乃弗迷。

——《尚书·周书·周官》

◆ **释义**

学习古训，才可以做官治理政务。根据古代的典章制度议论政事，政事就不会迷惑错误。

天下莫不与也。

引用于《陆九渊全集》卷二十四《策问》

◆ 原典

孟子见梁襄王，出，语人曰："望之不似人君，就之而不见所畏焉。卒然问曰：'天下恶乎定？'吾对曰：'定于一。''孰能一之？'对曰：'不嗜杀人者能一之。''孰能与之？'对曰：'天下莫不与也。王知夫苗乎？七八月之间旱，则苗槁矣。天油然作云，沛然下雨，则苗浡然兴之矣。其如是，孰能御之？今夫天下之人牧，未有不嗜杀人者也。如有不嗜杀人者，则天下之民皆引领而望之矣。诚如是也，民归之，由水之就下，沛然谁能御之？'"

——《孟子·梁惠王上》

◆ 释义

孟子谒见了梁襄王，出来后告诉别人说："远远望去，不像个国君的样子；挨近他，也看不出哪一点值得敬畏。猛一开口就问：'天下如何才安定？'我答道：'天下一统，才会安定。'他又问：'谁能一统天下？'我又答：'不好杀人的国君，就能一统天下。'他又问：'那有谁来跟随他呢？'我又答：'普天之下没有不跟随他的。您熟悉那禾苗吗？七八月间天旱，禾苗就枯槁了。这时，一团浓黑的乌云出现，哗啦哗啦下起了大雨，禾苗又茁壮茂盛地生长起来。这种趋势，谁能阻挡得住呢？当今各国的君主，没有不好杀人的。如有一位不好杀人的，那么，天下的老百姓都会伸长着脖子来盼望他了。真这样的话，百姓归附他跟随他，就好像水向下奔流一般，汹涌澎湃，谁能阻挡？'"

何必曰利？亦有仁义而已。

引用于《陆九渊全集》卷二十四《策问》

◆ 原典

孟子见梁惠王。王曰：“叟不远千里而来，亦将有以利吾国乎？”

孟子对曰：“王何必曰利？亦有仁义而已矣。王曰‘何以利吾国？’大夫曰‘何以利吾家？’士庶人曰‘何以利吾身？’上下交征利，而国危矣。万乘之国弑其君者，必千乘之家；千乘之国弑其君者，必百乘之家。万取千焉，千取百焉，不为不多矣。苟为后义而先利，不夺不餍。未有仁而遗其亲者也，未有义而后其君者也。王亦曰仁义而已矣，何必曰利？”

——《孟子·梁惠王上》

◆ 释义

孟子拜见梁惠王。梁惠王说：“老先生，你不远千里而来，一定是有什么对我的国家有利的高见吧？”

孟子回答说：“大王！何必说利呢？只要说仁义就行了。大王说‘怎样使我的国家有利？’大夫说‘怎样使我的封地有利？’一般人士和老百姓说：‘怎样使我自己有利？’结果是上上下下互相争夺利益，国家就危险了啊！在一个拥有一万辆兵车的国家里，杀害它国君的人，一定是拥有一千辆兵车的大夫；在一个拥有一千辆兵车的国家里，杀害它国君的人，一定是拥有一百辆兵车的大夫。这些大夫在一万辆兵车的国家中就拥有一千辆，在一千辆兵车的国家中就拥有一百辆，他们的拥有不算不多。可是，如果把义放在后而把利摆在前，他们不夺得国君的地位是永远不会满足的。反过来说，从来没有讲“仁”的人却抛弃父母的，从来也没有讲义的人却不顾君王的。所以，大王只说仁义就行了，何必说利呢？”

察于人伦。

引用于《陆九渊全集》卷十二《与饶寿翁》

◆ 原典

孟子曰："舜明于庶物，察于人伦，由仁义行，非行仁义也。"

——《孟子·离娄下》

◆ 释义

孟子说："舜明白万事万物的道理，明察人伦关系，因此能遵照仁义行事，而不是勉强地施行仁义。"

泽上有地，临。
君子以教思无穷，
容保民无疆。

引用于《陆九渊全集》卷十四《与侄孙浚》

◆ **原典**

《象》曰：泽上有地，临。君子以教思无穷，容保民无疆。

——《周易·临卦》

◆ **释义**

《象》说：大泽的高处有大地，象征君王从上面到下面来，国君认为教导民众思想的工作没有穷尽，容纳民众安抚民众的事情没有止境。

自古皆有死，民无信不立。

引用于《陆九渊全集》卷二十一《易数（又）》

◆ **原典**

子贡问政。子曰："足食、足兵，民信之矣。"子贡曰："必不得已而去，于斯三者何先？""去兵。"子贡曰："必不得已而去，于斯二者何先？"曰："去食。自古皆有死，民无信不立。"

——《论语·颜渊》

◆ **释义**

子贡问怎样治理国家。孔子说："使粮食充足，使军备充足，老百姓信任执政者。"子贡说："如果不得不去掉一项，那么这三项中应该先去掉哪一项呢？"孔子说："去掉军备。"子贡说："如果不得不再去掉一项，那么在这两项中应该先去掉哪一项呢？"孔子说："去掉粮食。自古以来人总是要死的，如果没有人民的信任，国家就保不住了。"

天聪明，
自我民聪明；
天明畏，
自我民明威。

引用于《陆九渊全集》卷十九《宜章县学记》

◆ **原典**

天聪明，自我民聪明；天明畏，自我民明威。

——《尚书·虞书·皋陶谟》

◆ **释义**

上天知晓人间的善恶，是在百姓中间听取和观察来的；上天的奖惩命令，是来自于百姓的意见的。

予违，汝弼。

引用于《陆九渊全集》卷二十二《杂说》

◆ 原典

帝曰："予违，汝弼。汝无面从，退有后言。"

——《尚书·虞书·益稷》

◆ 释义

舜帝说："我有过失，你们要纠正。你们不要当面顺从，转身却在背后议论。"

惟帝时克。

引用于《陆九渊全集》卷二十二《杂说》

◆ **原典**

稽于众，舍己从人，不虐无告，不废困穷，惟帝时克。

——《尚书·虞书·大禹谟》

◆ **释义**

凡事都考察群众的意见，放弃自己不正确的意见，听从别人正确的意见；为政不虐待无告的穷人，用人不忽视卑贱的贤才，只有帝尧的时候才能做到。

知人则哲，能官人。

引用于《陆九渊全集》卷二十四《策问》

◆ **原典**

知人则哲，能官人。安民则惠，黎民怀之。能哲而惠，何忧乎驩兜？何迁乎有苗？何畏乎巧言令色孔壬？

——《尚书·虞书·皋陶谟》

◆ **释义**

了解人是智慧，这样才能善于用人。治理臣民就是给他们恩惠，老百姓便会拥护。有了智慧又能惠及百姓，何必担忧驩兜（三苗部落首领）会不会作恶？何必担心三苗怎样被放逐？何必畏惧那些巧言令色的大汉佞呢？

惟天生民有欲，
无主乃乱。
惟天生聪明时乂。

引用于《陆九渊全集》卷三十四《语录上》

◆ **原典**

仲虺乃作诰，曰："呜呼！惟天生民有欲，无主乃乱，惟天生聪明时乂（yì，治理；安定）。有夏昏德，民坠涂炭，天乃锡王勇智，表正万邦，缵禹旧服，兹率厥典，奉若天命。"

——《尚书·商书·仲虺之诰》

◆ **释义**

仲虺于是作诰，说："啊！思考那上天生育的这些人民都有七情六欲，没有君主就会混乱，只有天生聪明的人时常能治理。那夏桀昏乱得到报应，使人民陷入水深火热之中，上天于是赐给大王勇气与智慧，用标志端正万邦，继承大禹所继承的，遵循大禹的典籍常规，把这些尊奉为上天的命令。"

呜呼！谨厥终，
惟其始，
殖有礼，
覆昏暴，
钦崇天道，
永保天命。

引用于《陆九渊全集》卷三十四《语录上》

◆ **原典**

呜呼！谨厥终，惟其始。殖有礼，覆昏暴，钦崇天道，永保天命。

——《尚书·商书·仲虺之诰》

◆ **释义**

啊！慎终的办法，在于善谋它的开始。要扶植那些有礼仪的邦国，消灭那些混乱残暴的邦国。敬奉上天的意志，才可永久持上天赋予的使命。

事不师古，
以克永世，
匪说攸闻。

引用于《陆九渊全集》卷二十四《策问》

◆ **原典**

学于古训，乃有获。事不师古，以克永世，匪说攸闻。

——《尚书·商书·说命下》

◆ **释义**

学习古人的教诲，才有收获。做事不效法古代，而能够使国家长久，这样的道理还没有听说过。

为政以德。

引用于《陆九渊全集》卷二十四《策问》

◆ **原典**

子曰："为政以德，譬如北辰，居其所而众星共之。"

——《论语·为政》

◆ **释义**

孔子说："用道德的力量去治理国家，自己就会像北极星那样安然处在自己的位置上，别的星辰都环绕着它。"

饥者易为食，
渴者易为饮。

引用于《陆九渊全集》卷十一《与王顺伯》

◆ **原典**

且王者之不作，未有疏于此时者也；民之憔悴于虐政，未有甚于此时者也。饥者易为食，渴者易为饮。

——《孟子·公孙丑上》

◆ **释义**

而且统一天下的贤明君主的未曾兴起，从来没有如今这样长久过；老百姓被暴虐的政治所摧残折磨，也从来没有如今这样厉害过。肚子饥饿的人容易置办食品，口干舌燥的人容易置办饮料。

故事半古之人，
功必倍之，
惟此时为然。

引用于《陆九渊全集》卷十一《与王顺伯》

◆ 原典

孟子曰：“当今之时，万乘之国行仁政，民之悦之，犹解倒悬也。故事半古之人，功必倍之，惟此时为然。”

——《孟子·公孙丑上》

◆ 释义

孟子说：“如今这个时代，拥有万辆兵车的大国实行仁政，老百姓欢迎它就如同倒挂着的人被解救了一般。所以，用古人一半的事功，必将完成两倍于他们的伟业，也只有当今这个时代才行。”

成孝敬，厚人伦，美教化，移风俗。

引用于《陆九渊全集》卷三十五《语录下》

◆ **原典**

经夫妇，成孝敬，厚人伦，美教化，移风俗，莫善乎诗。

——《毛诗序·关雎》

◆ **释义**

调节夫妻关系，促使人们孝敬尊长，使人际关系醇厚，教化民众使他们变得有美德，推移转变风俗，没有什么比使用诗歌更有效的方法了。

为君难，为臣不易。

引用于《陆九渊全集》卷十一《与王顺伯》

◆ 原典

定公问："一言而可以兴邦，有诸?"孔子对曰："言不可以若是其几也。人之言曰：'为君难，为臣不易。'如知为君之难也，不几乎一言而兴邦乎?"曰："一言而丧邦，有诸?"孔子对曰："言不可以若是其几也。人之言曰：'予无乐乎为君，唯其言而莫予违也。'如其善而莫之违也，不亦善乎？如不善而莫之违也，不几乎一言而丧邦乎?"

——《论语·子路》

◆ 释义

鲁定公问："一句话可以使国家兴盛，有这样的事吗?"孔子回答说："对语言的作用不能有那么高的期望。有人说：'做国君难，做臣子也不容易。'如果知道做国君的艰难，（自然会努力去做事）这不近于一句话而使国家兴盛吗?"定公说："一句话而丧失了国家，有这样的事吗?"孔子回答说："对语言的作用不能有那么高的期望。有人说：'我做国君没有感到什么快乐，唯一使我高兴的是我说的话没人敢违抗。’如果说的话正确而没人违抗，这不是很好吗？如果说的话错误也没人敢违抗，这不就近于一句话而使国家丧亡吗？”

察于民之故。

引用于《陆九渊全集》卷十二《与饶寿翁》

◆ **原典**

是以，明于天之道，而察于民之故。

——《周易·系辞上》

◆ **释义**

因此，明晓天地之道，而且能明察民众的各种情况。

国家闲暇，
及是时，
明其政刑，
虽大国必畏之矣。

引用于《陆九渊全集》卷十四《与侄孙浚》

◆ **原典**

莫如贵德而尊士，贤者在位，能者在职。国家闲暇，及是时，明其政刑，虽大国必畏之矣。《诗》云：“迨天之未阴雨，彻彼桑土，绸缪牖户。今此下民，或敢侮予。”

——《孟子·公孙丑上》

◆ **释义**

最好是以德为贵而尊敬士人，使有德行的人居于相当的官位，有才能的人担任一定的职务。国家无内忧外患，趁这个时候修明政治法典，纵使强大的邻国也一定会畏惧它了。《诗经》写道：“我趁着天未阴雨，啄取那桑皮桑根，将窗扇门户缚紧。现在你们树下的人，还有谁敢将我欺凌！”

今之郡守、县令，
民之师帅，
所使承流而宣化也。

引用于《陆九渊全集》卷十九《宜章县学记》

◆ **原典**

今之郡守、县令，民之师帅，所使承流而宣化也；故师帅不贤，则主德不宣，恩泽不流。

——《汉书·董仲舒传》

◆ **释义**

现在的郡守、县令，就是百姓的老师和表率，是委派他们禀承君主的恩泽去宣扬教化的；所以师表不贤良，君主的仁德就得不到宣扬，恩泽就传布不到下面。

克知三有宅心，
灼见三有俊心，
以敬事上帝，
立民长伯。

引用于《陆九渊全集》卷十九《宜章县学记》

◆ **原典**

亦越文王、武王，克知三有宅心，灼见三有俊心，以敬事上帝，立民长伯。

——《尚书·周书·立政》

◆ **释义**

到了文王、武王，他们能够知道三宅的思想，还能清楚地看到三宅部属的思想，用敬奉上帝的诚心，为老百姓设立诸侯长官。

天视自我民视，
天听自我民听。

引用于《陆九渊全集》卷二十三《大学春秋讲义》

◆ 原典

天视自我民视，天听自我民听。百姓有过，在予一人，今朕必往。

——《尚书·周书·泰誓中》

◆ 释义

上天所看到的来自于我们老百姓所看到的，上天所听到的来自于我们老百姓所听到的，老百姓责怪抱怨我，我如今必定前往伐商。

将顺其美。

引用于《陆九渊全集》卷三十《孝文大功数十论》

◆ 原典

子曰："君子之事上也，进思尽忠，退思补过，将顺其美，匡救其恶。故上下能相亲也。"

——《孝经·事君章第十七》

◆ 释义

孔子说："君子侍奉明君，在上朝进见君主时要想着如何尽忠；从朝廷退居在家时，要想着如何来纠正补救君主的过失。对君主的美德善政要顺从实行，对君主的过失要扶正过来，不让他的恶继续。所以，在上位的君主和在下位的臣子都能够相互亲爱了。"

雍之言然。

引用于《陆九渊全集》卷三十四《语录上》

◆ **原典**

子曰："雍也可使南面。"仲弓问子桑伯子。子曰："可也，简。"仲弓曰："居敬而行简，以临其民，不亦可乎？居简而行简，无乃大简乎？"子曰："雍之言然。"

——《论语·雍也》

◆ **释义**

孔子说："冉雍这个人，可以让他去做官。"仲弓问子桑伯子这个人怎么样。孔子说："可以啊，办事简要而不烦琐。"仲弓说："居心恭敬严肃而行事简要，像这样来治理百姓，不是也可以吗？（但是）自己马马虎虎，又以简要的方法办事，这岂不是太简单了吗？"孔子说："冉雍的话很对。"

陛下内多欲而外施仁义，奈何欲效唐虞之治乎？

引用于《陆九渊全集》卷二十二《武帝谓汲黯无学》

◆ **原典**

天子方招文学儒生者，上曰吾欲云云，黯对曰：“陛下内多欲而外施仁义，奈何欲效唐虞之治乎？”上默然，怒，变色而罢朝。公卿皆为黯惧。

——《史记·汲黯传》

◆ **释义**

这时，皇上正招揽文学之士和崇奉儒学的儒生，说我想要如何如何，汲黯便回答说：“陛下心里欲望很多，只在表面上施行仁义，怎么能真正仿效唐尧虞舜的政绩呢？”皇上沉默不语，心中恼怒，脸色大变就罢朝了，公卿大臣都为汲黯惊恐担心。

罔不克敬典。
文王之敬忌。

引用于《陆九渊全集》卷一《与曾宅之》

◆ **原典**

汝亦罔不克敬典，乃由裕民，惟文王之敬忌；乃裕民曰："我惟有及。"

——《尚书·周书·康诰》

◆ **释义**

你一定要做到慎用典刑，以明君之道用治于民，连先帝文王都敬慎顾忌于此。若能够以宽民之道治世，并告诫自己："我只有这样才能超越我的前人。"

有猷。有为。有守。予攸好德。

引用于《陆九渊全集》卷三十五《语录下》

◆ **原典**

凡厥庶民，有猷、有为、有守，汝则念之。不协于极，不罹于咎，皇则受之。而康而色，曰：“予攸好德。”汝则锡之福，时人斯其惟皇之极。

——《尚书·周书·洪范》

◆ **释义**

凡是百姓中有谋略、有作为、有操守的，您要记着他们。百姓的行为不合您的法则，但没有犯罪的人，就要容忍他们。假若他们和悦温顺地说：“我遵行美德。”您就要赐给他们福禄。这样，老百姓就会完全遵守君王的准则。

法者，天子所与天下公共也。今法如是而更重之，是法不信于民也。方其时，上使立诛之则已。今既下廷尉，廷尉，天下平也，一倾，天下用法皆为轻重。

引用于《陆九渊全集》卷二十二《张释之谓“今法如是”》

◆ 原典

其后拜释之为廷尉。顷之，上行出中渭桥，有一人从桥下走出，乘舆马惊。于是使骑捕，属之廷尉。释之治问。曰：“县人来，闻跸，匿桥下。久之，以为行已过，即出，见乘舆车骑，即走耳。”廷尉奏当，一人犯跸，当罚金。文帝怒曰：“此人亲惊吾马，吾马赖和柔，令他马，固不败伤我乎？而廷尉乃当之罚金！”释之曰：“法者，天子所与天下公共也。今法如是，更重之，是法不信于民也。且方其时，上使立诛之则已。今已下廷尉，廷尉，天下之平也。一倾而天下用法皆为之轻重，民安所措其手足？惟陛下察之。”良久，上曰：“廷尉当是也。”

——《史记·张释之冯唐列传第四十二》

◆ 释义

汉文帝经过中渭桥，有一个人从桥下跑出，文帝坐车所驾的马受到惊吓。于是文帝派骑兵逮捕他，把这件事交给廷尉衙门处置。张释之查问这件事。那人说从外县来，听到皇上出行开路清道便藏在桥底下。过了很久，以为车驾已经走过了，就出来，看到文帝乘坐的车马，就立即逃走罢了。廷尉奏明判罚，一个人冒犯跸，判他罚款。文帝愤怒地说："这个人明明惊吓到我的马，幸亏我的马温柔和顺，换了别的马，难道不会使车坏而伤害到我吗？但是廷尉才判他罚款！"张释之说："律法是天子和天下的百姓共同遵守的。如今律法就这样，如果改变它来重罚他，这律法将不被百姓所信任了。况且当时如果皇上立即下令诛杀他也就罢了。如今既然已经交给廷尉处理，廷尉是最好的执法官，应当公平执法，一旦有偏颇，天下使用法律就会随他或轻或重，百姓岂不会手足无措？只有希望陛下明察这事！"过了很久，文帝说："廷尉判罪是正确的。"

此法当失，何以得天下？

引用于《陆九渊全集》卷三十《房杜谋断如何论》

◆ **原典**

勒虽不学，好使诸生读书而听之，时以其意论古今得失，闻者莫不悦服。尝使人读《汉书》，闻郦食其劝立六国后，惊曰："此法当失，何以遂得天下？"及闻留侯谏，乃曰："赖有此耳！"

——《资治通鉴·晋纪十七》

◆ **释义**

石勒虽然不识字，喜欢叫秀才读书给他听，经常用自己的见解分析古今得失，听到的人都非常佩服。有一次，叫人读《汉书》，当听到郦食其劝刘邦立六国后人时，大惊，说："这个办法不对，这样怎么能统一天下？"等他听到张良劝阻后，才说道："幸亏有这个张良在。"

他山之石，
可以攻玉。

引用于《陆九渊全集》卷七《与勾熙载》

◆ **原典**

他山之石，可以攻玉。

——《诗经·小雅·鹤鸣》

◆ **释义**

其他山上的石头，能够用来琢磨玉器（比喻别国的贤才可为本国效力）。

敬事而信。

引用于《陆九渊全集》卷一《与曾宅之》

◆ **原典**

子曰："道千乘之国，敬事而信，节用而爱人，使民以时。"

——《论语·学而篇》

◆ **释义**

孔子说："治理一个千乘大的国家，就要严谨认真地办理国家大事而又恪守信用，节约财政开支而又爱护官吏臣僚，役使百姓要不误农时。"

临渊羡鱼，
不如退而结网。

引用于《陆九渊全集》卷四《与诸葛诚之》

◆ **原典**

故汉得天下以来，常欲善治，而至今不可善治者，失之于当更化而不更化也。古人有言曰：“临渊羡鱼，不如退而结网。”

——《汉书·董仲舒传》

◆ **释义**

所以说，汉得天下以来，陛下时刻想着将国家治理好而至今没有达到目的，失误就在于应当变更过去那些不合时宜的政策而没有变更啊。古人有这样一句话：“站在水边感叹鱼儿肥美可食，不如回去结网前来捕捞。”

折狱致刑。

引用于《陆九渊全集》卷八《与赵推》

◆ **原典**

《象》曰：雷电皆至，丰；君子以折狱致刑。

——《周易·丰卦》

◆ **释义**

《象传》说：雷声和电光一起到来，象征（威明之德）“丰盈硕大”；君子因此效法雷的威震和电的光明审理讼狱、动用刑罚。

司寇苏公式敬尔由狱。

引用于《陆九渊全集》卷八《与赵推》

◆ 原典

周公若曰："太史，司寇苏公式敬尔由狱，以长我王国。兹式有慎，以列用中罚。"

——《尚书·周书·立政》

◆ 释义

周公这样说："太史，司寇苏公规定要认真地处理狱讼案件，使我们的王国长治久安。现在规定慎之又慎，依据常例，使用中罚。"

抚字心劳，
催科政拙。

引用于《陆九渊全集》卷八《与苏宰》

◆ **原典**

（阳城任道州刺史）赋税不登，观察使数加诮让。州上考功第，城自署其第曰：“抚字心劳，征科政拙，考下下。”观察使遣判官督其赋，至州，怪城不出迎，以问州吏，吏曰：“刺史闻判官来，以为有罪，自囚于狱，不敢出。”判官大惊，驰入谒城于狱，曰：“使君何罪，某奉命来候安否耳。”

——《旧唐书·隐逸传·阳城》

◆ **释义**

（阳城做道州刺史）州里赋税没有按时缴纳，观察使多次指责。考核官吏的政绩时，阳城自己把考绩写在州衙墙上：“安抚百姓费尽心力，征收赋税政绩很差。考核列在下下等。”观察使派判官来催促他上交赋税，到了道州，对阳城没有出来迎接感到奇怪，拿这事问当地官吏，官吏说：“阳城认为自己有罪，把自己囚禁在牢狱里了。”判官非常震惊，奔入牢狱，拜见阳城说：“您有什么罪啊？我只是奉命前来给你请安罢了。”

流共工于幽州，
放驩兜于崇山，
窜三苗于三危，
殛鲧于羽山，
而后天下咸服。

引用于《陆九渊全集》卷九《与杨守》

◆ **原典**

流共工于幽州，放驩兜于崇山，窜三苗于三危，殛鲧（jígǔn）于羽山。四罪而天下咸服。

——《尚书·虞书·舜典》

◆ **释义**

于是把共工流放到幽州，把驩兜流放到崇山，把三苗驱逐到三危，把鲧流放到羽山。这四个人被处罚了，天下的人都心悦诚服。

晋国之盗逃奔于秦。

引用于《陆九渊全集》卷九《与杨守》

◆ **原典**

三月，献狄俘。晋侯请于王。戊申，以黻冕命士会将中军，且为大傅。于是晋国之盗逃奔于秦。羊舌职曰："吾闻之，'禹称善人，不善人远'，此之谓也夫……善人在上也。善人在上，则国无幸民。谚曰：'民之多幸，国之不幸也。'是无善人之谓也。"

——《左传·宣公十六年》

◆ **释义**

三月，晋国向周定王进献俘虏的狄人。晋景公向周定王请求，二十七日，把礼服赐给士会命令他率领中军，并且担任太傅。在这种情况下，晋国的盗贼逃奔到秦国。羊舌职说："我听说，'禹提拔好人，不好的人因此远离'，说的就是这样的事情吧……这是因为有好人在上面执政。有好人在上面，国家中就没有心存侥幸的百姓。俗话说，'百姓多存侥幸，就是国家不幸'，这就是没有好人在位的说法。"

天命有德，
五服五章哉；
天讨有罪，
五刑五用哉。

引用于《陆九渊全集》卷十一《与吴子嗣》

◆ **原典**

天命有德，五服五章哉；天讨有罪，五刑五用哉。

——《尚书·虞书·皋陶谟》

◆ **释义**

天命就是九德，天子、诸侯、卿、大夫、士按照“五服”的仪轨各居其职事，五采之服虽异，却能够相得益彰；王师征伐有罪者，五种刑罚是用来惩处那些罪有应得的人。

沈犹氏不敢朝饮其羊，公慎氏出其妻，慎溃氏逾境而徙，鲁之鬻牛马者不豫价。

引用于《陆九渊全集》卷九《与杨守》

◆ **原典**

仲尼将为司寇，沈犹氏不敢朝饮其羊，公慎氏出其妻，慎溃氏逾境而徙，鲁之粥牛马者不豫贾，修正以待之也。居于阙党，阙党之子弟罔不必分，有亲者取多，孝弟以化之也。儒者在本朝则美政，在下位则美俗。儒之为人下如是矣。

——《荀子·儒效》

◆ **释义**

孔子将要担任鲁国司法大臣的时候，沈犹氏不敢再在早晨喂自己的羊喝水了，公慎氏休掉了自己的妻子，慎溃氏越境搬走了，鲁国卖牛马的也不再漫天要价了，这是因为孔子总是预先用正道去对待人们的缘故。孔子住在阙党的时候，阙党的子弟将网获的鱼兽进行分配时，有父母亲的子弟就多得一些，这是因为孔子用孝顺父母尊敬兄长的道理感化了他们。儒者在朝廷上当官，就能使朝政完美；在下面做个老百姓，就能使风俗完美。儒者做臣民时就像这样的啊。”

如有用我者，吾其为东周乎？

引用于《陆九渊全集》卷十一《与王顺伯》

◆ 原典

公山弗扰以费畔，召，子欲往。子路不悦，曰："末之也已，何必公山氏之之也。"子曰："夫召我者，而岂徒哉？如有用我者，吾其为东周乎！"

——《论语·阳货》

◆ 释义

公山弗扰据费邑反叛，来召孔子，孔子准备前去。子路不高兴地说："没有地方去就算了，为什么一定要去公山弗扰那里呢？"孔子说："他来召我，难道只是一句空话吗？如果有人用我，我就要在东方复兴周礼，建设一个东方的西周！"

如有用我者，期月而已可也，三年有成。

引用于《陆九渊全集》卷十一《与王顺伯》

◆ 原典

子曰："苟有用我者，期月而已可也，三年有成。"

——《论语·子路》

◆ 释义

孔子说："假如有人用我管理国家，一年之内就可有成效，三年便能成效显著。"

可以保民。

引用于《陆九渊全集》卷十一《与王顺伯》

◆ 原典

曰："德何如则可以王矣？曰："保民而王，莫之能御也。"曰："若寡人者，可以保民乎哉？"曰："可。"

——《孟子·梁惠王上》

◆ 释义

齐宣王问："什么样的德行可以称王天下呢？"孟子回答说："保护老百姓就可以称王天下，没有什么力量能够阻挡。"齐宣王问："像我这样的人，可以做到保护老百姓吗？"孟子回答："可以。"

若网在纲，有条而不紊。

引用于《陆九渊全集》卷十二《与赵咏道》

◆ **原典**

若网在纲，有条而不紊；若农服田力穑，乃亦有秋。

——《尚书·商书·盘庚上》

◆ **释义**

犹如将网结在钢绳上一样，做事就有条理而不紊乱；犹如农夫在田间努力耕种一样，到了秋后才会有好收成。

断断不可光禄勋，何耶？

引用于《陆九渊全集》卷十二《与张诚子》

◆ **原典**

是岁，夏寒，日青无光，显及许、史皆言堪、猛用事之咎。上内重堪，又患众口之浸润，无所取信。时长安令杨兴以材能幸，常称誉堪，上欲以为助，乃见问兴："朝臣龂龂[①]不可光禄勋，何邪?"兴者，倾巧士，谓上疑堪，因顺指曰："堪非独不可于朝廷，自州里亦不可也！臣见众人闻堪与刘更生等谋毁骨肉，以为当诛；故臣前书言堪不可诛伤，为国养恩也。"上曰："然此何罪而诛？今宜奈何?"兴曰："臣愚以为可赐爵关内侯，食邑三百户，勿令典事。明主不失师傅之恩，此最策之得者也。"上于是疑之。

——《资治通鉴》卷第二十八《汉纪》二十

◆ **释义**

这年夏季天气寒冷，太阳呈青色，黯淡无光。石显跟许、史二大家族都说这是周堪、张猛当权引起的天变。元帝尊重周堪，

① 龂龂（yínyín）：忿嫉之意。

可是面对众口一词的攻击，又无法堵他们的嘴。当时，长安县县令杨兴以才干能力受到赏识，而且常常称赞宣扬周堪，元帝想得到他的帮助，于是召见杨兴，问他："有些大臣忿恨、反对光禄勋周堪，这是为什么?"杨兴是官场上狡诈而看风行事的人物，认为皇帝已经不信任周堪了，于是顺势指责说："周堪不但没有能力当光禄勋，就是当一个乡下的里长邻长也不适宜。我从前听说，人们认为周堪跟刘更生等人挑拨离间陛下的骨肉亲情，应当诛杀。我之所以持不同意见，并不是赞成他们，只是为国家培养恩德。"元帝问："那么用什么罪名可以杀他？现在应当怎么办?"杨兴答道："我愚昧的意见是，赐封周堪关内侯，给他三百户人家的采邑，不让他掌权管事。这样的话，圣上可以仍维持师傅的旧恩，这应是最上等的策略。"元帝于是对周堪、张猛开始怀疑。

其境关之政尽察。

引用于《陆九渊全集》卷十二《与饶寿翁》

◆ 原典

观国之治乱臧否，至于疆易而端已见矣。其候徼支缭，其竟关之政尽察：是乱国已。入其境，其田畴秽，都邑露，是贪主已。观其朝廷，则其贵者不贤；观其官职，则其治者不能；观其便嬖，则其信者不悫，是暗主已。

——《荀子·富国》

◆ 释义

观察一个国家的治乱好坏，来到它的边界，那苗头就已经露出来了。如果那国家的哨兵来回分散巡逻，那边境关卡的管理措施极其苛刻，这就是混乱的国家了。进入那国境，它的田地荒芜，城镇破败，这就是贪婪的君主了。观察他的朝廷，那地位高贵的人并不贤明；考察他的官员，那处理政事的人并无才能；看看他左右的亲信，那被信任的人并不诚实，这就是个昏君了。

若射之有志。

引用于《陆九渊全集》卷十二《与饶寿翁》

◆ **原典**

予告汝于难，若射之有志。

——《尚书·商书·盘庚上》

◆ **释义**

我告诉你们做事情的艰难，就像射箭必须要射中目标。

假寇兵，资盗粮。

引用于《陆九渊全集》卷十二《与张季悦》

◆ **原典**

今乃弃黔首以资敌国，却宾客以业诸侯，使天下之士退而不敢西向，裹足不入秦，此所谓“藉寇兵而赍盗粮”者也。

——李斯《谏逐客书》

◆ **释义**

现在陛下却抛弃百姓以帮助敌国，拒绝宾客以壮大诸侯，使天下之士退出秦国而不敢往西，裹足不敢入秦，这正是人们所说的“把武器借给贼兵，把粮食送给盗匪”啊！

于变时雍。

引用于《陆九渊全集》卷十四《与侄孙浚》

◆ **原典**

曰若稽古，帝尧曰放勋。钦、明、文、思、安安，允恭克让，光被四表，格于上下。克明俊德，以亲九族。九族既睦，平章百姓。百姓昭明，协和万邦。黎民于变时雍。

——《尚书·虞书·尧典》

◆ **释义**

考查古代传说，帝尧的名字叫放勋。他严肃恭谨，明察是非，善于治理天下，宽宏温和，诚实尽职，能够让贤，光辉普照四面八方，以至于天上地下。他能够明察有才有德的人，使同族人亲密团结。族人亲密和睦了，又明察和表彰有善行的百官，协调诸侯各国的关系。民众随之变得友善和睦起来了。

仰则观象于天，俯则观法于地，观鸟兽之文与地之宜。近取诸身，远取诸物，于是始作八卦，以通神明之德，类万物之情。

引用于《陆九渊全集》卷十五《与吴斗南》

◆ **原典**

古者包牺氏之王天下也，仰则观象于天，俯则观法于地，观鸟兽之文与地之宜。近取诸身，远取诸物，于是始作八卦，以通神明之德，类万物之情。

——《周易 · 系辞下》

◆ **释义**

古时包牺氏的治理天下，上则观察天上日月星辰的现象，下则观察大地高下卑显的种种法则，又观察鸟兽羽毛的文采和山川水土的地利。近的就取象于人的一身，远的就取象于宇宙万物，在这个基础上，才创作了《易》和八卦。以融会贯通神明的德性参赞天地的化育，以比类万物的情状。

会其有极，归其有极。

引用于《陆九渊全集》卷三十四《语录上》

◆ **原典**

会其有极，归其有极。

——《尚书·周书·洪范》

◆ **释义**

团结坚持最高法则的人，臣民就将归附最高法则。

朕言惠可底行。

引用于《陆九渊全集》卷十七《与致政兄》

◆ **原典**

皋陶曰："朕言惠可厎行?"禹曰："俞！乃言厎可绩。"皋陶曰："予未有知，思曰赞赞襄哉！"

——《尚书·虞书·皋陶谟》

◆ **释义**

皋陶说："我的话一定会得到实行吗?"禹说："是的，你的话会得到施行并会获得成功。"皋陶说："我没有什么智慧，只是想辅佐君王治理好国家啊！"

予决九川，距四海，浚畎浍距川。

引用于《陆九渊全集》卷十七《与致政兄》

◆ 原典

予决九川，距四海，浚畎浍距川。

——《尚书·虞书·益稷》

◆ 释义

我疏通了九州的河流，使它们流到四海，挖深疏通了田间的大水沟，让它们流进大河。又加深并疏通了河道，将小水流引至江河。

予暨益播庶鲜食艰食，
烝民乃粒，万邦作乂。

引用于《陆九渊全集》卷十七《与致政兄》

◆ **原典**

暨稷播，奏庶艰食鲜食。懋迁有无化居。烝民乃粒，万邦作乂。

——《尚书·虞书·益稷》

◆ **释义**

（我）与后稷一起播种粮食，把百谷、鸟兽肉送给百姓。让他们互通有无，调剂余缺。于是，天下百姓都能吃饱饭，各个诸侯国开始得到了治理。

予创若时，娶于涂山，辛壬癸甲，启呱呱而泣，予弗子，惟荒度土功。

引用于《陆九渊全集》卷十七《与致政兄》

◆ 原典

予创若时，娶于涂山，辛壬癸甲。启呱呱而泣，予弗子，惟荒度土功。

——《尚书·虞书·益稷》

◆ 释义

我顺应天意开始了治水的大业，我娶了涂山氏的女儿，结婚四天就治水去了。从辛日在涂山之国娶妻到甲日一共只花了四天时间。后来，启生下来呱呱地啼哭，我顾不上慈爱他，只忙于考虑治理水土的事。

尔有嘉谋嘉猷，入告尔后于内，尔乃顺之于外，曰『斯谋斯猷，惟我后之德』。

引用于《陆九渊全集》卷十七《与致政兄》

◆ **原典**

尔有嘉谋嘉猷，则入告尔后于内，尔乃顺之于外，曰“斯谋斯猷，惟我后之德”。

——《尚书·周书·君陈》

◆ **释义**

你有好谋好言，就要进入宫内告诉你的君主，你于是在外面顺从君主，并且说：“这样的好谋，这样的好言，是我们君主的美德。”

任大而守重。

引用于《陆九渊全集》卷十八《删定官轮对札子》

◆ **原典**

制曰："朕获承至尊休德，传之亡穷，而施之罔极，任大而守重，是以夙夜不皇康宁，永惟万事之统，犹惧有阙。故广延四方之豪俊，郡国诸侯公选贤良修洁博习之士，欲闻大道之要，至论之极。"

——《对武帝策》

◆ **释义**

汉武帝策问道："我继承了先帝最崇高的地位和最美好的德行，要永久传下去，延长到无穷尽的未来，这项任务巨大而且职守重要，所以我从早到晚都没有时间来享乐休息，长久地思考一切事情的原委，唯恐有不周到的地方。因此广泛地邀请各地的豪杰俊才，郡守、国王、诸侯公正地推选出来的贤良、修德、博学的才士们，我想知道治国大道的纲要，安民理论的最高原则。"

文王罔攸兼于庶言，庶狱庶事。

引用于《陆九渊全集》卷十八《删定官轮对札子》

◆ **原典**

文王惟克厥宅心，乃克立兹常事司牧人，以克俊有德。文王罔攸兼于庶言，庶狱庶慎，惟有司之牧夫是训用违；庶狱庶慎，文王罔敢知于兹。

——《尚书·周书·立政》

◆ **释义**

文王是一个能够存心于选贤任能、树立以德政治理国家的明君。因此，能将那些俊乂之士安置在各种领导岗位上主持日常事务，使他们能够充分地施展自己的才能。文王能兼听大家的忠告而无人己亲疏之别。他谨慎不苟地处理各种各样的刑狱诉讼之事，能虚心听取各部门负责的官员与养民之官的正确意见而不至于违背大家的意见。在谨慎不苟地处理各种各样的刑狱诉讼之事的同时，文王从来不敢自作聪明、自以为是。

陛下当择臣辈以辅圣德，臣当选京兆尹以承大化，尹当求令长以亲细事。代尹择令，非陛下所宜。

引用于《陆九渊全集》卷十八《删定官轮对札子》

◆ 原典

帝尝亲择吏宰畿邑，而政有状，招宰相语，皆贺帝得人，浑独不贺，曰："此特京兆尹职耳，陛下当择臣辈以辅圣德，臣当选京兆尹以承大化，尹当求令长以亲细事。代尹择令，非陛下所宜。"帝然之。

——《新唐书·柳浑列传》

◆ 释义

皇帝曾经亲自选择官吏治理京畿属邑，而且从政有成绩，召宰相来说起此事，大家都祝贺皇帝知人善任，只有柳浑不贺，说："这只是京兆尹的职责，陛下应当选择大臣来辅佐圣德，大臣应当选择京兆尹接受广泛深入的教化，京兆尹应当选拔县令亲自处理小事。代替京兆尹选择县令，这不是陛下应该做的事情。"皇帝赞成他的看法。

万方有罪，
罪在朕躬。

引用于《陆九渊全集》卷十九《宜章县学记》

◆ 原典

（汤）曰：“予小子履，敢用玄牡，敢昭告于皇皇后帝：有罪不敢赦，帝臣不蔽，简在帝心。朕躬有罪，无以万方；万方有罪，罪在朕躬。”

——《论语·尧曰》

◆ 释义

（汤）说：“我小子履，谨以黑色公牛为祭，禀明于伟大的天帝：（我）有罪不敢自己赦免，我不掩饰（己过），天帝心中对此自有分辨。若我一人有罪，不要累及天下万民；天下万民有罪，罪责在我一人身上。”

百姓有过，
在予一人。

引用于《陆九渊全集》卷十九《宜章县学记》

◆ 原典

观二年，京师旱，蝗虫大起。太宗入苑视禾，见蝗虫，掇数枚而曰：“人以谷为命，而汝食之，是害于百姓。百姓有过，在予一人。尔其有灵，但当蚀我心，无害百姓。”将吞之，左右遽谏曰：“恐诚疾，不可！”太宗：“所冀移灾朕躬，何疾之避！”遂吞之。

——《贞观政要·务农》

◆ 释义

贞观二年，京城长安大旱，蝗虫四起。唐太宗进入园子看粮食（损失情况），看到有蝗虫（在禾苗上面），捉了几只念念有词道：“百姓把粮食当作身家性命，而你吃了它，这对百姓有害。百姓有罪，那些罪过全部在我一个人身上，你如果真的有灵的话，你就吃我的心吧，不要再害百姓了。”将要吞下去。周围的人忙劝道：“恐怕吃了要生病的！不能吃啊！”太宗说道：“我真希望它把给百姓的灾难移给我一个人！为什么要逃避疾病呢?”于是把蝗虫吞了。

小心翼翼，
昭事上帝。

引用于《陆九渊全集》卷二十一《孟子说》

◆ **原典**

维此文王，小心翼翼。昭事上帝，聿怀多福。厥德不回，以受方国。

——《诗经·大雅·大明》

◆ **释义**

这位伟大英明的君主，小心翼翼恭敬而谦让。勤勉努力侍奉上帝，带给我们无数的福祥。他的德行光明又磊落，因此承受祖业做国王。

天子置公卿辅弼之臣，宁令从谀承意，陷主于不义乎？且已在其位，纵爱身，奈辱朝廷何？

引用于《陆九渊全集》卷二十二《武帝谓汲黯无学》

◆ 原典

群臣或数黯，黯曰："天子置公卿辅弼之臣，宁令从谀承意，陷主于不义乎？且已在其位，纵爱身，奈辱朝廷何？"

——《史记·汲郑列传》

◆ 释义

群臣中有人数落汲黯，汲黯说："天子设置公卿百官这些辅佐之臣，难道是让他们一味阿谀逢迎，陷君主于不仁义的境地吗？况且我已身在其位，纵使爱惜自己，那又怎能辱没朝廷呢？"

乃有大罪，
非终，
乃惟眚灾，
适尔，
既道极厥辜，
时乃不可杀。

引用于《陆九渊全集》卷二十二《张释之谓“今法如是”》

◆ **原典**

王曰：“呜呼！封，敬明乃罚。人有小罪，非眚，乃惟终自作不典；式尔，有厥罪小，乃不可不杀。乃有大罪，非终，乃惟眚灾，适尔；既道极厥辜，时乃不可杀。”

——《尚书·周书·康诰》

◆ **释义**

王说：“啊！封，要认真通晓那些刑罚。人有小罪，不是过失，而是经常自作不法。这样，即使他的罪行小，却不可不杀。人有大罪，不是经常自作不法而是过失。假使这样，他已经说尽了他的罪过，这个人就不可杀。”

政者，正也。

引用于《陆九渊全集》卷二十四《策问》

◆ **原典**

季康子问政于孔子。孔子对曰："政者，正也。子帅以正，孰敢不正？"

——《论语·颜渊》

◆ **释义**

季康子向孔子询问为政之道。孔子回答说："政，就是公正。你自己以身作则、公正了，谁还敢不公正？"

可使制梃以挞秦楚之坚甲利兵。

引用于《陆九渊全集》卷二十四《策问》

◆ **原典**

王如施仁政于民，省刑罚，薄税敛，深耕易耨；壮者以暇日修其孝悌忠信，入以事其父兄，出以事其长上，可使制梃以挞秦楚之坚甲利兵矣。

——《孟子·梁惠王上》

◆ **释义**

大王如果对老百姓施行仁政，减免刑罚，少收赋税，精耕细作，及时除草；让身强力壮的人利用闲暇时间修养孝顺、尊敬、忠诚、守信的品德，在家侍奉父母兄长，出门尊敬长辈上级。这样，即使是手里拿着棍棒，也可以跟拥有坚实盔甲和锋利武器的秦楚军队对抗。

强为善而已矣。

引用于《陆九渊全集》卷二十四《策问》

◆ 原典

滕文公问曰："齐人将筑薛，吾甚恐。如之何则可？"孟子对曰："昔者大王居邠，狄人侵之，去之岐山之下居焉。非择而取之，不得已也。苟为善，后世子孙必有王者矣。君子创业垂统，为可继也。若夫成功，则天也。君如彼何哉？强为善而已矣。"

——《孟子·梁惠王下》

◆ 释义

滕文公问道："齐国人将要修筑加固薛城，我很害怕，像这样我可怎么办呢？"孟子回答道："从前，大王居住在邠地，狄人侵犯那里，他们便迁到岐山下居住。不是愿意选择那里居住，迫不得已罢了。如果您能施行善政，后代子孙中必定会有称王于天下的啊。君子创立基业，传给后世，是为了可以继承下去。至于能否成功，那就由天决定了。您怎样对付齐国呢？只有努力推行善政罢了。"

工诵箴谏。
士传民语。

引用于《陆九渊全集》卷二十九《“天地设位……》

◆ 原典

瞽史诵诗，工诵箴谏，大夫进谋，士传民语。

——《汉书·传·贾谊传》

◆ 释义

瞽史用诗来规劝，乐工朗诵进谏的文章来规劝，大夫进献计谋，士传诵民间警语。

首出庶物，
万国咸宁。

引用于《陆九渊全集》卷二十九《“首出庶物，万国咸宁”》

◆ **原典**

保合太和，乃利贞，首出庶物，万国咸宁。

——《周易·乾卦》

◆ **释义**

能够保持“太和”即最大的和，就有利于正道，有利于生生不息之道。天下万物就能不断重新萌生，万国就都能美好安宁。

绝圣弃智。

引用于《陆九渊全集》卷三十《“智者术之原”论》

◆ 原典

绝圣弃智，民利百倍；绝仁弃义，民复孝慈；绝巧弃利，盗贼无有。此三者，以为文不足，故令有所属：见素抱朴，少私寡欲。

——《道德经》

◆ 释义

杜绝所谓的圣贤和智慧，人民可获利百倍；杜绝所谓的仁义，人民自然会回复到孝慈的天性；杜绝机巧功利，自然没有盗贼。圣智、仁义、巧利这三样其实都是巧饰，不足以治天下。所以有必要让人民的思想有所归属。那就是回归纯洁淳朴的本性，减少私心杂念。

期于无刑。

引用于《陆九渊全集》卷三十《政之宽猛孰先论》

◆ **原典**

期于予治，刑期于无刑，民协于中。

——《尚书·虞书·大禹谟》

◆ **释义**

希望我的政事达到理想境地，施刑是为了达到无刑，人民合于中道。

好生之德洽于民心，
兹用不犯于有司。

引用于《陆九渊全集》卷三十《政之宽猛孰先论》

◆ **原典**

好生之德洽于民心，兹用不犯于有司。

——《尚书·虞书·大禹谟》

◆ **释义**

爱惜生灵、不事杀戮的品德合于民心，因此人民就不冒犯官吏。

克宽克仁。

引用于《陆九渊全集》卷三十《政之宽猛孰先论》

◆ **原典**

不迩声色，不殖货利；德懋懋官，功懋懋赏；用人惟己，改过不吝；克宽克仁，彰信兆民。

——《尚书·商书·仲虺之诰》

◆ **释义**

不要亲近声色，不要聚敛货财；德行大的人就给予官职以劝勉他，功劳多的人就给予奖励以劝勉他；采用别人的意见就像用自己的一样坦然，改正过错毫不吝惜；既宽容又仁爱，向天下民众表明自己的诚信。

敷政优优。

引用于《陆九渊全集》卷三十《政之宽猛孰先论》

◆ 原典

不竞不絿，不刚不柔。敷政优优，百禄是遒。

——《诗经·商颂·长发》

◆ 释义

他既不争竞也不过于松弛，不过于刚硬也不过于柔和。施政理念始终是从容宽裕，因此无尽福禄降到他身上。

后　记

说句很惭愧的话，走出校门几十年，我对四书五经的了解几乎还停留在当年课本中的几篇文言文里。即便后来走上讲台，也只不过是将旧有知识复习若干遍而已。直到10年前，因对陆九渊创办于贵溪的象山精舍（象山书院前身）历史文化研究之需要，我才买来一本1980年中华书局出版的《陆九渊集》研读。在十几年的初读、通读和精读过程中，自以为古文功底还好的我，发现《陆九渊集》中有大量看不懂的句子，查了很多资料，才知道那些句子基本上是陆九渊引自四书五经等古书的用典，其中不少用典未标引号。

为了方便更多的人学好象山心学文化，我花了10年时间重新点校陆九渊文集，纠正了此前各种版本中的诸多讹误。而其中中华书局的《陆九渊集》是首次使用现代汉语标点符号的唯一版本，给读者阅读带来了极大的方便。但该集除存在许多文字讹误外，尚留有600多句用典未标引号，我这次也如数补上，这样可以让读者一眼便能看出是用典。

2022年1月，上海古籍出版社出版了我点校的《陆九渊全集》（繁体字竖排版），但我苦心找出的用典，其引号却大部分被去掉了。后来，我与出版社交涉，希望将于明年出版的简体字横排版《陆九渊全集》能如数补加引号。得到的答复是，引号多了会影响文气。该出版社编辑黎大伟先生建议我不如就此编一本《陆象山用典》，可以作为研读《陆九渊全集》的辅助性读物，也能弥补我执着的遗憾。

其实，几年前我已经着手编译《陆象山用典》，《陆九渊全集》电子版底稿给这项工作提供了极大的方便。首先，我将底稿中的用典全部剔出来，初步精选出300余条用典，并详加注释，编成样书。后与出版社联系，说至少要有20万字才能成书。下半年，贵溪几波疫情来袭，本人盛夏居家隔离，于是我又乘此抓紧时间将底稿中的用典重新梳理一遍，增添了200余条用典，合计500多个页面。

2023年是陆九渊离世830周年，也是象山书院重建竣工之年，我想将《陆象山用典》与上海古籍出版社《陆九渊全集》简体字横排版同时与广大读者见面。在理想付诸实施过程中，得到贵溪市委、市政府主要领导和贵溪市文联的大力帮助，此书才得以正式出版，在此谨表诚挚的谢意！

由于本人读书不多，对陆九渊的用典理解肤浅，注释难免有不妥之处，敬请各位专家学者和广大读者批评指正。

叶　航

二〇二二年冬至

图书在版编目(CIP)数据

陆象山用典/叶航编译.—长沙:岳麓书社,2023.8

ISBN 978-7-5538-1898-6

Ⅰ.①陆… Ⅱ.①叶… Ⅲ.①陆九渊(1139—1193)—心学—哲学思想—研究 Ⅳ.①B244.85

中国国家版本馆 CIP 数据核字(2023)第 115556 号

LU XIANGSHAN YONGDIAN

陆象山用典

编　　译:叶　航

责任编辑:彭卫才

责任校对:舒　舍

封面设计:刘　峰　刘　娟

岳麓书社出版发行

地址:湖南省长沙市爱民路 47 号

直销电话:0731-88804152　0731-88885616

邮编:410006

版次:2023 年 8 月第 1 版

印次:2023 年 8 月第 1 次印刷

开本:710mm×1000mm　1/16

印张:36.25

字数:438 千字

书号:ISBN 978-7-5538-1898-6

定价:118.00 元

承印:长沙超峰印刷有限公司